Sagrado Corazón del Amor

Ediciones Palabra
Madrid

© Javier Peño Iglesias, 2024
© Ediciones Palabra, S.A., 2024
  Paseo de la Castellana, 210 – 28046 Madrid (España)
  Telf.: (34) 91 350 77 20 – (34) 91 350 77 39
  www.palabra.es
  palabra@palabra.es

Diseño de cubierta: Equipo editorial
ISBN: 978-84-1368-366-9
Depósito Legal: M-7092-2024
Impresión: Gohegraf, S. L.
Printed in Spain – Impreso en España

Javier Peño Iglesias

Sagrado Corazón del Amor

PRÓLOGO Y
AGRADECIMIENTOS

Si el corazón del hombre es increíble, el corazón de Dios, ¿cómo será? No lo sé, la verdad, más allá de lo que uno puede contemplar en la Revelación y, especialmente, en la persona de Jesús. Nuestro Dios hecho carne, nuestro Mesías, nuestro Maestro, nuestro Señor, nuestro amor. Dios es amor y el amor no se puede explicar, es inefable en última instancia, así que escribir sobre el corazón de Dios y el corazón de Jesús es un atrevimiento. Pero la escritura de este libro no es voluntad mía, o al menos eso creo. Y quiero compartir por qué, brevemente:

Cuando me vino la idea de escribirlo, la dejé en barbecho, como suelo hacer con proyectos similares, esperando que el Señor me confirmara si debía seguir. Pues bien, cuando me dije que iba a intentarlo, una chica, Elena, sin que yo le hubiera dicho nada a nadie, me regaló en el confesionario una estampa del Sagrado Corazón.

Eso fue un pequeño impulso, un guiño que guardé en mi corazón. Y, pasados cuatro días, literalmente, llegué de cenar con unos amigos a casa y, como siempre hago, me lavé los dientes en el lavabo y dejé mi ropa preparada en el baño para el día siguiente. ¿Qué pasó al levantarme? Que apareció en el lavabo, perfectamente puesto y centrado, un detente. ¿De dónde salió? Ni idea, porque era diferente al que llevo siempre encima, que contiene la imagen del apóstol Santiago y la Virgen del Pilar. Pero, lo más importante, sigo pensando que, de haber estado ahí la noche anterior, lo habría visto. Pero no estaba, lo garantizo.

Lo empecé a escribir y, a los dos meses, literalmente el Señor hizo una llamada muy especial. No a mí, sino a mi amigo José Luis Lazcano, que quien haya leído mi libro sobre el Camino de Santiago conocerá. Una persona a quien le debo mi amor por el Camino y, por tanto, mi vocación, aunque sea de manera remota. El amigo, quizá, con el corazón más noble que he conocido. José Luis falleció el 27 de diciembre de 2022, de manera repentina y con apenas 35 años, mientras hacía el Camino de Santiago. Su última Misa la vivió en el mismo lugar donde el Señor puso en mi corazón de manera evidente que me quería sacerdote, en Santa María la Real de O Cebreiro. Son guiños de la Providencia. Jesús quiere que le amemos a Él y que vayamos al Cielo, y tengo la confianza plena en que, a Lazcano, como así le llamábamos, lo arrebató desde la cumbre del Camino de Santiago para llevárselo a la cumbre donde Él habita. Y prometo que no es un buenismo: falleció confesado y comulgado. Estaba pasando un mal momento, pues su madre, a quien adoraba, había fallecido tres meses antes, y el Señor, se lo llevó con Él y con ella, como a Marcelino Pan y Vino. No estaba casado ni nada.

El mismo día de San Juan Evangelista celebramos por la tarde una Misa en Madrid, el 28 le hicimos el velatorio en su pueblo, Palaciosrubios (Salamanca), y el 29, la Misa exequial allí y el entierro.

El día 28 fui a cenar con un matrimonio amigo mío. Ella, Alejandra, es de esas personas que dicen lo que piensan, un poco como me sucede a mí. Y dijo algo que se me quedó grabado a fuego: «Esto te va a venir muy bien para comprender el sufrimiento mejor». Honestamente, le di la razón, pero me quedé pensativo. Y creo que ha tenido razón: experimentar tan de cerca y con 35 años la muerte inesperada de una de esas personas sin las cuales tu vida no sería lo que es, una de las personas que más te han marcado y a las que más quieres. No es ley de vida que se te muera un amigo repentinamente tan joven, así que, por inesperado, probablemente duela más. La persona fallecida a la que más he amado es mi abuela María, por ejemplo, pero su fallecimiento, con 90 años, me dolió menos que el de José Luis.

Volviendo a la frase de Ale, reconozco que el final de este libro fue escrito con dolor en el corazón, pero con más conciencia de lo que es tener un corazón herido, lo cual ha sido un regalo escondido de todo esto. ¿Ojalá lo hubiera aprendido de otro modo? Hombre, no voy a decir que no, pero las cosas son como son. En cualquier caso, si yo, valiente pecador, he sufrido y llorado tanto con la muerte de un amigo, ¿qué no sufrirá el corazón de Jesús cada vez que le rechazamos y morimos a la vida de la gracia? ¿Y cuando alguien se condena? No me lo quiero ni imaginar. Pero sí he sacado en claro varias cosas que están en el corazón de este libro: que la única respuesta que Dios da al mal es el bien; que la única respuesta al sufrimiento es el amor, pues el sufrimiento no es más que la forma que toma el amor cuando no se manifiesta; que el único consuelo ante la muerte es la certeza de salvación cuando sabes que alguien muere en gracia; y, en lo personal, saber que estás sintiendo un poquito lo que Jesús sintió, así que también uno se puede configurar con el Amado en esas circunstancias. Eso, creo, es ser un solo corazón con Dios: «tener los mismos sentimientos de Cristo», como dice san Pablo en *Flp* 2, 5.

En fin, le quiero dedicar de todo corazón este libro, en primer lugar, a él, a José Luis Lazcano Bello, y con él también a su familia, con su padre, también llamado José Luis, a la cabeza. Pero también quiero acordarme de mis amigos del colegio Los Olmos, los amigos de toda la vida, esos que estaban ahí cuando no era sacerdote, que me han soportado en tantas y en tantas hazañas absurdas y que han vivido el mismo sufrimiento que yo al ver partir a José Luis a brazos del Padre: Javier Morán, Rafael Pérez-Herrera, Quico Prieto, Julián Rioja, Álvaro Simón y Álvaro Solano.

Y también, cómo no, a esas personas que me han mostrado, de un modo u otro, con sus virtudes y luchando contra sus defectos, el corazón paternal de Dios y sacerdotal de Cristo. Sería injusto nombrar a algunos, porque me dejaría a otros.

A todos ellos: ¡GRACIAS!

A punto de publicar este libro, Amparo, la hija de Juan y Teresa –mis padres gallegos-, falleció con 48 años. Al Corazón de Jesús le pido por ella y por sus hijas, Sara y Elena. Y, cómo no, por Juan, Teresa y demás familia, a quienes no me bastará una vida para agradecerles tantas cosas.

INTRODUCCIÓN:
COMPRENDIENDO
(MUY POQUITO) A DIOS

Creo que todos hemos escuchado –y quizá afirmado en primera persona– un par de expresiones bastante frecuentes: «el Dios del Antiguo Testamento» y «el Dios del Nuevo Testamento». Sin embargo, cada domingo en Misa profesamos creer en «un solo Dios», así que algo pasa.

Es cierto que Dios se ha ido revelando de manera progresiva a lo largo de la historia de la humanidad, pero, ya de entrada, quiero afirmar con toda rotundidad que partir a Dios en dos es una soberana ignorancia. Dios no ha cambiado, sino que los que vamos cambiando a lo largo de nuestra existencia somos nosotros, tanto en lo colectivo como en lo personal. Y, del mismo modo que vamos aprendiendo las cosas humanas con el discurrir de la vida de diferentes modos y de manera progresiva, el Señor nos enseña las verdades de fe del mismo modo.

Israel fue, primero, nómada; luego, un pueblo esclavo; más tarde, una serie de tribus peregrinas por el desierto y que, casi siempre, fueron guerreras, incluso cuando intentaron establecerse en un lugar muy concreto y hacerse sedentarios. Más adelante serían una nación exiliada. Y así podríamos seguir. ¿Alguien en su sano juicio, con esa vida tan cambiante a lo largo de los siglos, puede pensar que Dios se iba a revelar de modo unívoco a Israel? ¡Sería absurdo! Por eso, para comunicar bien y eficazmente, el emisor –en este caso, el Altísimo– tuvo que adaptar el vaso comunicante y el mensaje a la capacidad del receptor. Así que, para revelarse en un tiempo muy concreto a un pueblo nómada, guerrero, ganadero o agricultor utilizó formas que ellos pudieran entender. Por eso el Señor Dios «es» un guerrero, un rey, el Pastor o, sencillamente, la vid.

El problema es leer e interpretar lo que Dios reveló hace 2.500 años sin contexto, sin ir a la verdad profunda que se comunica y, quizá lo más importante, sin atender a cómo era ese pueblo, que es lo que condiciona el cómo Dios se reveló, cómo el pueblo captó el mensaje y, por tanto, el modo en que luego dejó por escrito su experiencia con Yahveh a la generación futura. Reitero, porque me parece fundamental, que el contenido literal de la Biblia viene marcado por la experiencia que el Pueblo hizo del paso de Dios por su historia y de su relación de fidelidad-infidelidad con Yahveh. Bajo ningún concepto es un texto escrito en trance al dictado literal de Dios o la traducción de unas planchas de metal entregadas por un ángel a un profeta, como sucede, por ejemplo, con el libro del Mormón, según ellos creen.

Piensa: ¿Acaso cuando las cosas nos van bien no damos gracias a Dios y reconocemos que ha sido Él quien nos ha dado tales dones y talentos o que es Él quien nos ha sacado de muchas situaciones? Decimos, incluso coloquialmente: «gracias a Dios...» o «el Señor me ha librado de...». Pues bien, cambia eso por: «el Señor nos ha librado de nuestros enemigos» o «hemos vencido en la batalla gracias a Él...». Llevado a nuestra vida, ¿qué significa eso? Algo tan cotidiano como que Dios nos ha cuidado; que gracias a su ayuda hemos perseverado; que hemos vencido a nuestro enemigo, que puede ser un determinado pecado o una relación tóxica; o que bendito sea el Altísimo porque tengo unas capacidades maravillosas que me permiten vivir muy bien o enamorar a la persona a la que quiero.

Y ahora, imagina que vives en el primitivo Israel, que tu vida es una lucha de supervivencia contra otras tribus o potencias extranjeras y que estás en permanentes guerras. Y resulta que ganáis superando situaciones muy complicadas. ¿Acaso no dirías que el Señor os ha ayudado a vencer a vuestros enemigos y que ha sido Él quien os ha dado la victoria? Es lo que hizo Israel. Por eso Dios es el gran guerrero que elimina a los enemigos del Pueblo cada vez que este es fiel a Dios o pierde si ha sido infiel en el presente o en el pasado. Israel comprende que, si vive cara a Dios, desde la identidad que Yahveh les dio en el Sinaí, su vida es plena, libre y no hay enemigo que pueda con ellos. Dicho de otro modo: si yo, como cristiano, vivo desde mi identidad bautismal, soy fiel a los mandamientos y decido luchar con todas mis fuerzas por ser santo, al final, merced a la gracia de Dios, seré libre respecto al pecado y podré ser feliz en la tierra que Dios promete: el Cielo. ¡Habré vencido a los enemigos (los pecados) que quieren mi muerte (la condenación)!

Para interpretar la Escritura, por tanto, es necesario caer en la cuenta de que la Biblia no «es» Palabra de Dios, sino que «contiene» la Palabra de Dios, que son cosas diferentes. Muchas ramas protestantes creen que la Biblia «es» la Palabra de Dios, pero eso no es católico. Lo que está inspirado no es cada palabra textual, sino la verdad revelada en lo que se transmite. El relato de la creación del mundo en seis días es evidente: ¡claro que no se hizo todo en 144 horas! Sino que todo tiene un orden y simbolismo que es necesario respetar para poder hallar la verdad revelada en esa primera página del Génesis. Pero en los Evangelios también hay acontecimientos que no concuerdan si atendemos a la literalidad, como, por ejemplo, la petición de los hijos de Zebedeo al Señor para que se sienten en su reino, uno a su derecha y el otro a su izquierda. En la versión de *Mc* 10, 35-45 son Santiago y Juan quienes hacen a Jesús la demanda, pero en la de *Mt* 20, 20-28 es su madre. ¿Qué pasa ahí? Pues que la verdad revelada no depende de si fue Salomé o fueron sus hijos quienes hicieron la pregunta al Señor, sino lo que Jesús revela a continuación: que iban a beber del cáliz de ese Señor que va a morir por ellos y por muchos, que hay cosas que dependen del Padre o, por ejemplo, que la santidad de todo seguidor de Jesús estará en el imitar el servicio y la entrega del Maestro.

Es bueno saber y, si hay tiempo, leer la constitución dogmática *Dei Verbum* del concilio Vaticano II, porque aporta mucha luz. Vamos a leer un par de fragmentos de la misma que nos darán mucha luz para cargarnos, por fin, el error de hablar de dos dioses en dos testamentos:

>«Para que el intérprete de la Sagrada Escritura comprenda lo que Dios quiso comunicarnos, debe investigar con atención lo que pretendieron expresar realmente los hagiógrafos y plugo a Dios manifestar con las palabras de ellos.
>
>»Para descubrir la intención de los hagiógrafos, entre otras cosas hay que atender a "los géneros literarios". Puesto que la verdad se propone y se expresa de maneras diversas en los textos de diverso género: histórico, profético, poético o en otros géneros literarios. Conviene, además, que el intérprete investi-

gue el sentido que intentó expresar y expresó el hagiógrafo en cada circunstancia según la condición de su tiempo y de su cultura, según los géneros literarios usados en su época. Pues para entender rectamente lo que el autor sagrado quiso afirmar en sus escritos, hay que atender cuidadosamente tanto a las formas nativas usadas de pensar, de hablar o de narrar vigentes en los tiempos del hagiógrafo, como a las que en aquella época solían usarse en el trato mutuo de los hombres.

»Y como la Sagrada Escritura hay que leerla e interpretarla con el mismo Espíritu con que se escribió para sacar el sentido exacto de los textos sagrados, hay que atender no menos diligentemente al contenido y a la unidad de toda la Sagrada Escritura, teniendo en cuanta la Tradición viva de toda la Iglesia y la analogía de la fe. [...] Todo lo que se refiere a la interpretación de la Sagrada Escritura está sometido, en última instancia, a la Iglesia, que tiene el mandato y el ministerio divino de conservar y de interpretar la palabra de Dios[1] [...].

»Dios, pues, inspirador y autor de ambos Testamentos, dispuso las cosas tan sabiamente que el Nuevo Testamento está latente en el Antiguo y el Antiguo está patente en el Nuevo. Porque, aunque Cristo fundó el Nuevo Testamento en su sangre, no obstante, los libros del Antiguo

---

[1] *Dei Verbum,* 12.

Testamento recibidos íntegramente en la proclamación evangélica adquieren y manifiestan su plena significación en el Nuevo Testamento, ilustrándolo y explicándolo al mismo tiempo»[2].

En resumen: estamos ante una revelación progresiva de Dios conforme la humanidad era capaz de ir asumiendo quién es Él en toda su grandeza. Ya lo dijo Jesús: *Por la dureza de vuestro corazón se os permitió... o, se os dijo [...], pero ahora os yo digo...* Dios es como cualquier padre que sabe que las lecciones han de ser progresivas y que sus hijos no están capacitados para asumir las verdades todas de golpe, pues han de ir capacitándose conforme van madurando y creciendo en sabiduría, en estatura y en gracia ante Dios y ante los hombres[3].

Es cierto que la culminación de la revelación divina, la persona de Jesús, que es el colmo del amor y la misericordia de Dios, es un punto y aparte que divide en dos la historia. Pero eso no significa que haya dos dioses o que Yahveh se comportara de manera muy diferente, pues lo único que le interesa a Dios desde el primer segundo de vida del primer hombre es que todos los hombres vayan al Cielo, como veremos al comienzo de este libro. Incluso el juicio de Dios so-

---

[2] Cfr. *Dei Verbum*, 16.
[3] Cfr. *Lc* 2, 52.

bre la humanidad no es el mismo antes que después de Cristo, y dependiendo de si se ha conocido al Señor o no. Antes bien, podemos decir tranquilamente que es proporcional a lo que a cada uno se nos ha dado, como viene a decir Jesús en la parábola de los talentos, por ejemplo, o en *Lucas* 12, 48: *Al que mucho se le dio, mucho se le reclamará; al que mucho se le confió, más aún se le pedirá*. Y san Pablo viene a decir algo parecido, añadiendo que el elemento de juicio –que sí tenemos en común los hombres precristianos y postcristianos– es la ley natural, pero quedando de manifiesto que se atenderá a las circunstancias de cada cual. Es en *Rm* 2, 12-15: *Cuantos pecaron sin tener ley, perecerán también sin ley; y cuantos pecaron en el ámbito de la ley serán juzgados por la ley. Pues no son justos ante Dios quienes oyen la ley, sino que serán justificados quienes la cumplen. En efecto, cuando los gentiles, que no tienen ley, cumplen naturalmente las exigencias de la ley, ellos, aun sin tener ley, son para sí mismos ley. Esos tales muestran que tienen escrita en sus corazones la exigencia de la ley*.

En fin, ojalá descubras a lo largo de la lectura de este libro cómo el corazón de Dios no ha cambiado desde toda la Eternidad, sino que ha ido derramándose de una manera muy similar desde que el mundo es mundo. Porque es así: Dios ha sido, es y será bondad, misericordia, ternura, padre, corrector cuando procede, humilde, simple, sobrio, benevolente, magnánimo... y así podríamos seguir. Dios es maravilloso.

1
LA ALIANZA DEL PARAÍSO

1.1. Dios siempre tuvo el deseo de que fuéramos como Él y estuviéramos con Él

Dios es una familia y el hombre es un ser hecho a imagen de esa familia. Esto no es una verdad más, sino que es algo que debiéramos tener muy claro para comprender su amor por nosotros. Es cierto que, en un mundo en el que la familia natural está siendo atacada, deformada y diluida entre otras clases de pseudofamilias, cada vez cuesta más darnos cuenta, pero no por ello podemos renunciar a subrayar y realzar la verdad de las cosas, pues en ella descubrimos cuál era, es y será el plan de Dios para cada persona que, en su infinita bondad, crea.

Hemos partido de una verdad de fe revelada en el primer capítulo de la Biblia (cfr. *Gn* 1, 26-27): somos imagen de Dios. Y para descubrir y explicar brevemente esto vamos a fijarnos en cómo es el ser humano.

Empezaremos diciendo algo obvio: los humanos somos hombre o mujer. Esto no es una verdad cultural y no depende de nosotros, sino que es un don que Dios nos da y que, por tanto, tenemos que custodiar. La masculinidad y la feminidad, como la paternidad y la maternidad, son una maravilla divina que también reflejan algo de Él, pues incluso de Dios podemos decir que nadie da lo que no tiene. Y, si lo tenemos nosotros, es porque está en Él. Por eso, por ejemplo, el beato Juan Pablo I, en su breve pontificado, no tuvo miedo a decir algo que también repetiría su sucesor, san Juan Pablo II: «Los que estamos aquí tenemos los mismos sentimientos; somos objeto de un amor sin fin de parte de Dios. Sabemos que tiene los ojos fijos en nosotros siempre, también cuando nos parece que es de noche. Dios es Padre, más aún, es madre»[1].

Pero sabemos que, para ser padre o ser madre, hay que tener hijos. Esta es otra cosa que nos cuesta entender en los tiempos modernos, pues no faltan personas que, por desgracia, prefieren tener un animal doméstico a un retoño. También a veces es la biología la que impide engendrar a unos padres, pero dejemos claro algo desde ya: no podemos mirar las cosas desde el vacío, sino desde la plenitud. Y toda persona está llamada a ser padre o madre, ya sea de manera biológica y,

---

[1] JUAN PABLO I, *Ángelus*, domingo 10 de septiembre de 1978.

sobre todo, espiritual (y digo sobre todo porque la paternidad biológica, si no es también espiritual, es incompleta y daña muchísimo al hijo. Si se da la primera, debe ser complementada por la segunda). El bien, el amor, como decía santo Tomás de Aquino, es difusivo de suyo, por lo que lo propio en el amor esponsal hombre-mujer, tan bello y natural, es que reciba como fruto el don de los hijos.

Dicho todo esto, ahora nos damos cuenta de cómo la humanidad, en general, es imagen del Dios que es relación de personas que se aman entre sí y dan fruto. Veamos, de hecho, qué nos dice el Credo, que es la condensación de las verdades fundamentales que la Revelación divina nos regala, sobre las tres personas divinas.

Lo primero es que se nos remarca que Dios es uno solo, algo que a lo largo de la Escritura se nos repite con insistencia. Tanto es así que observantes de otras religiones y cultos abrámicos no se han ahorrado el título de «politeístas» para los cristianos cuando hablamos de las tres personas. Más allá de este dato, este «ser uno» en Dios es importante para comprendernos a nosotros también, pero, de momento, lo dejamos aquí.

De la primera persona de la Trinidad se nos dice que es «Padre todopoderoso, Creador del cielo y de la tierra, de todo lo visible y lo invisible». Esto, por cierto, no debe chocarnos con el hecho de que en el Nuevo Testamento se nos diga que las cosas se hicieron por medio del Verbo, ya que la iniciativa creadora procede del Padre. Esto lo explicó muy bien un gran Padre de la Iglesia como san Ireneo de Lyon en su obra *Adversus haereses* (IV, Pr 4; 39, 2): «El hombre es una mezcla de alma y carne, una carne formada para ser semejante a Dios y modelada por sus dos Manos, es decir, el Hijo y el Espíritu. Es dirigiéndose a ellos que dijo: "Hagamos al hombre" (*Gn* 1, 26)».

Esta frase de quien fuera uno de los primeros obispos de la historia ya nos sirve para ver claramente dos cosas: que Jesús, el Verbo, como brazo ejecutor de Dios, ya nos amaba antes de crearnos, y que somos producto del amor con que Él se acerca a nosotros. Impresionante, ¿verdad? ¡Es el corazón de Jesús ya presente antes de la fundación del mundo! La segunda nos permite establecer una preciosa analogía entre Dios y la humanidad: el hombre no engendra vida sin la mujer, del mismo modo que el Padre no da vida sin el Hijo.

Pero volvamos al Padre, pues, cuando se habla del Hijo, se dice de Él que fue «engendrado» (se entiende que por el mismo Padre). ¿Qué implica engendrar? Nos va a responder C. S. Lewis en su obra *Mero cristianismo*:

> «Uno de los credos dice que Cristo es el Hijo de Dios "engendrado, no creado"; y agre-

ga "engendrado por su Padre antes de todos los siglos". Estamos hablando de algo que sucedió antes de que la naturaleza misma fuera creada, antes del principio del tiempo... ¿Qué significa eso? En lenguaje moderno, las palabras engendrar o engendrado no se utilizan demasiado, pero todo el mundo sabe todavía lo que significan. Engendrar es convertirse en el padre de algo o alguien. Crear es hacer.

»Y la diferencia es esta: cuando alguien engendra, engendra algo de la misma clase que él. Un hombre engendra bebés humanos; y un pájaro engendra huevos que luego se convierten en pajaritos. Pero cuando uno hace, hace algo de una clase diferente que uno. Un pájaro hace un nido... un hombre fabrica una radio... etc.

»Esto es lo primero que queremos aclarar. Lo que Dios engendra es Dios, del mismo modo que lo que engendra un hombre es un hombre. Por eso los hombres no son Hijos de Dios en el sentido en que lo es Cristo. Pueden parecerse a Dios en algunos aspectos, pero no son cosas de la misma clase. Son más como estatuas o cuadros de Dios. Una estatua tiene la forma de un hombre, pero no está viva. Del mismo modo, el hombre tiene la "forma" de Dios, pero no tiene la misma clase de vida que tiene Dios».

A continuación, el Credo hace una serie de aclaraciones sobre la divinidad del Hijo y su historicidad, para, a continuación, decir del Espíritu Santo que «procede del Padre y del Hijo». Es decir, que el Espíritu es como la conjunción de los amores entre las dos primeras personas de la Trinidad. Es el resultado del amor perfecto dentro de la Trinidad.

Ahora ya podemos decir, resumiendo y simplificando mucho, que Dios es algo parecido a esto: es un padre que engendra, un Hijo que es engendrado y un fruto de ese amor: Espíritu Santo. Pues bien, así es como nos pensó Dios y aquello a lo que estamos llamados: a que una persona engendre por amor, otra sea engendrada por amor y que haya fruto de esa relación. La cosa empieza a estar clara: en el ser humano hay un varón con capacidad de engendrar; una mujer, con capacidad de ser engendrada; y unos hijos, como frutos de ese amor. Y todo ello siendo una familia, siendo uno, como decíamos antes que Dios es uno.

Pero hay más. Quedando claro que la Humanidad es imagen de Dios cuando somos una unidad, ¿qué pasa con la persona individual? ¡Sucede exactamente lo mismo! Recuerda otra vez que la familia que es Dios está constituida por una persona que ama y se da; otra que es amada y corresponde a ese amor amando; y el fruto de ese amor. Y cabe preguntarse: ¿acaso la unidad de tu persona no es igual? ¿Acaso en lo más profundo de ti no existe el anhelo irrebatible de entregarte por amor, de ser amado y de que ese amor dé fruto? ¡Claro! ¿Quién, en su sano juicio, desde lo más profundo de su corazón no quiere amar, ser amado y que su vida dé fruto? ¡Absolutamente nadie! Y eso sucede porque somos imagen de Dios. Así nos pensó Él y, por eso, no podemos escapar –¡afortunadamente!– a esa dinámica.

Por tanto, ya podemos concluir: antes de la creación del hombre, Dios pensó en nosotros como fruto del amor y para vivir el amor con todas sus consecuencias. Dicho de otro modo: Dios *nos eligió en Cristo antes de la fundación del mundo para que fuésemos santos e intachables ante él por el amor*[2]. Nunca olvidemos que la santidad es la vivencia del amor divino y a ese amor Dios nos llama. ¿No es precioso? ¡El corazón de Dios ya nos amaba antes de crearnos! Puede resultar difícil imaginarnos esto, sobre todo porque es algo que acontecía fuera del tiempo y no somos capaces de pensar en esa categoría, pero creo que hay una analogía muy válida para imaginarnos este amor del Señor por nosotros: el amor de los prometidos.

¿Qué son dos personas que se van a casar? Un hombre y una mujer que han decidido amarse con todas las consecuencias. Y, no solo eso, sino que han decidido amar las consecuencias de ese amor. Las buenas y las malas. Por eso podemos

---

[2] *Ef* 1, 4.

decir sin temor a equivocarnos que dos prometidos que se casan por la Iglesia ya aman a sus hijos y quieren darles lo mejor de sí. Se casan para amarse mutuamente y tener hijos. ¡Las dos cosas! Y, para ello, les van a dar lo mejor que tienen, que es la fe y el amor entre ellos. Preparándose santamente durante el noviazgo para formar una familia ya están amando a los hijos, cosa que se concreta en la preparación humana para ser esposos y padres, en el empeño por tener un trabajo digno y estable que ofrezca la oportunidad a sus hijos de tener un desarrollo pleno, en el cultivo de las virtudes necesarias para ser reflejo del amor divino para sus hijos... ¡Y tantas otras cosas! Pues Dios no era ajeno a esto. Él lo preparó todo para que podamos alcanzar la plenitud en el amor. Como los prometidos aman a sus hijos antes de engendrarlos, *Dios nos amó primero* a nosotros (*1 Jn* 4, 19) con un mismo corazón desde toda la Eternidad, pues *Jesucristo es el mismo ayer, hoy y siempre*[3].

Y, en coherencia con este amor, Él nos preparó un lugar en el que poder alcanzar esa santidad de la que nos habla san Pablo. Hablamos ahora de la creación, el primer gran acto de amor y de misericordia de Dios por nosotros y que nos narran los primeros capítulos de la Escritura.

---

[3] *Hb* 13, 8.

En el primer día, una cosa que llama poderosamente la atención es que el Génesis afirma que Dios dijo que existiera la luz, a la que llama «día», mientras que, a su ausencia, la tiniebla, la denomina «noche». ¿Por qué nos llama la atención? Por muchas cosas, pero, principalmente, por dos: porque la creación de la luz física (el Sol) no llega hasta el día cuarto y porque el Evangelio de san Juan nos presenta al Verbo como la verdadera luz de los hombres. Si unimos ambas revelaciones, queda claro que Dios ofrece su luz a su creación desde el primer minuto, porque Dios se ofrece a sí mismo desde siempre y todo tiene su origen en Él, que es Luz indeficiente. Y, si Dios es amor, podemos decir sin temor a equivocarnos que Dios ama desde el primer minuto lo que está haciendo y lo que hará. Y, si el sentido de la creación del Universo es que el hombre tuviera una morada donde unirse a Él, ya nos está diciendo alto y claro: te amo y me entrego a ti desde antes de que existas. Así que podemos parafrasear a san Juan y decir: «Dios nos amó [desde el día] primero».

En el segundo día acontece la división de las «aguas», que viene a ser la separación entre el firmamento –las «aguas de encima»– y las «aguas de abajo». Pero es Dios mismo quien llama a lo alto «cielo», como advirtiendo algo que repetirá el mismo Jesús: Él, que es el verdadero Cielo, tendrá que ser hallado por nosotros mirando al traspasado en lo alto (de la Cruz)[4]. El hombre precisa de mirar a lo alto, a lo que hay en el Cielo, al firmamento donde está la Estrella, para encontrar su plenitud. Dios, simbólicamente, parece que ya nos preparaba el camino al perdón antes de haber pecado, ya que, para que la misericordia se convierta en perdón, el hombre debe mirar a lo alto, a la única Estrella que nos proporciona esa luz simbolizada en el Sol y que es la que nos da la luz de la verdadera vida: Cristo[5]. Más adelante nos daremos cuenta de la importancia de los pasajes que acabamos de citar para penetrar en las profundidades del Corazón de Jesús, que es la manifestación divina, pero también humana, del mismo corazón del buen Dios que hace lo necesario para sanar y salvar a su pueblo, para que tengan fe, para que tengan vida y la tengan en abundancia.

Los días de la creación fueron pasando, viendo Dios que todo era «bueno», es decir, perfecto. ¡Nos estaba preparando lo mejor de lo mejor! Ya en el día tercero aparecen los primeros seres vivos, pero especialmente los árboles con sus semillas y frutos que servirían al hombre de ali-

---

[4] Cfr. *Jn* 19, 37; *Nm* 21, 4-9 y *Jn* 12, 32.

[5] La liturgia de la Santa Misa, donde cada día le pedimos al Señor que vuelva, durante siglos (y hoy sigue vigente, aunque en claro desuso) se celebró hacia el Oriente: del mismo modo que el Astro Rey nace del Oriente, Jesús, cantado como «el Sol que nace de lo alto» (*Lc* 1, 78), vendrá desde allí.

mento. En el día quinto se narra la creación de los animales, justo antes de que, en el día sexto, Dios creara al hombre a su imagen, «varón y mujer». En cualquier caso, queda claro, como reitera el segundo relato del Génesis, que el jardín en Edén donde el hombre fue colocado había sido preparado con todo esmero y cariño para los hombres, del mismo modo que unos padres tienen todo dispuesto para el nacimiento de un hijo. Me imagino al Señor creando el mundo como algo parecido a lo que he visto a mis hermanos antes de nacer mis sobrinos Jaime, Ignacio y Diego: pensando en la habitación, en la cuna, la decoración, la ropita, el carro, los pañales... no sé, pero creo que, visto así, podemos comprender un poco mejor por qué la creación es el primer gran acto de amor y misericordia de Dios con nosotros.

1.2. La alianza con Adán: la alianza matrimonial[6]

Antes de volver al relato bíblico, dejemos una cosa clara: por el Bautismo, todos los cristianos estamos llamados a vivir esta misma alianza que Dios estableció con Adán: no pienses, al leer, que es algo ajeno a ti. Seas varón,

---

[6] En este sentido, es muy interesante el libro *La Biblia, paso a paso*, de John Bergsma (Rialp).

mujer, mayor o menor, laico, sacerdote, consagrada, ¡esto va contigo!

El texto del Génesis, que, como bien debemos saber, no cabe ser interpretado ni literal ni exacto históricamente, es muy rico en simbología. Tras ver la parte del pacto que Dios ofrece al hombre, vamos ahora, por decirlo de algún modo, con sus exigencias. O, mejor dicho, con la identidad y misión del hombre en la tierra, según el plan originario de Dios truncado por el pecado, pero que, por el Bautismo, nos es devuelta. Es lo que la Tradición de la Iglesia ha resumido en los tres ministerios que asume todo cristiano al hacerse hijo de Dios por el Bautismo: el de sacerdote, el de profeta y el de rey.

Empezamos con Adán sacerdote. Y te preguntarás: ¿cómo sabemos que era sacerdote? Porque Dios le dio el ministerio de custodiar el templo de la creación, el hábitat creado para que el hombre se santificara y Él se paseara. Pero también porque su vida consistía en ese estar con Dios en un constante diálogo, alabanza y acción de gracias que, si lo pensamos un poco, es lo que hace –o debiera hacer– un sacerdote, si bien en el actual estado post-lapsario hay que unir la reparación por los pecados del mundo. Como dice la carta a los Hebreos (cfr. *Hb* 8, 3), un sacerdote ofrece dones y sacrificios a Dios y eso es lo que hacía Adán (e imitó hasta su muerte, para agrado de Dios, su hijo Abel). En cualquier caso, el sacerdote es una persona que vive su vida por amor de Dios y para amarle: eso es lo que hacía Adán antes de la caída.

Asimismo, se ordena al hombre que cuide y cultive el suelo. No podemos caer en la simpleza de interpretar estas palabras desde la agricultura o el trabajo de cualquier tipo, ya que, en realidad, son dos términos litúrgicos, no obstante, son dos verbos que Moisés utiliza al investir a los levitas como sacerdotes que se encargaban del tabernáculo. Cuidar y cultivar, por tanto, están relacionados con el sacerdocio judío. Y no olvidemos que, tras las negaciones de Pedro, en la aparición del Resucitado en el mar de Galilea, el Señor se expresa en términos similares en su conversación con Simón: apacienta y pastorea. Es decir, cuida (en este caso, de los corderos y de las ovejas).

Nuestro primer padre también era el rey, el encargado de custodiar, no solo el templo que era el jardín en Edén, sino a sus otros habitantes: *Sed fecundos y multiplicaos, llenad la tierra y sometedla; dominad los peces del mar, las aves del cielo y todos los animales que se mueven sobre la tierra* (*Gn* 1, 28).

Y nos queda la función profética, que tiene que ver no tanto con anticipar el futuro, sino con algo más profundo. Para Romano Guardini, «ser profeta significa conocer el sentido de las cosas, interpretar los acontecimientos desde la perspectiva de Dios»[7]. Volvamos al texto, porque Dios encarga a Adán poner nombre a los animales. ¿Qué significa esto? Que Adán tenía la inteligencia para nombrarlos. Conocer el nombre es conocer la esencia y, en el idioma hebreo, se nos viene a decir que él sabía la fuerza espiritual de cada ser, conocía por qué estaba creado cada animal. Dios le dio una inteligencia muy superior a lo que ahora nosotros podemos pensar y podía ejercer esa función profética a la perfección. No es que fuera más listo, es que veía las cosas sin el velo que introdujo el pecado y nosotros padecemos.

Y nos queda ya solo un añadido: Adán tenía un corazón esponsal, aunque esto ya ha quedado claro con lo que dijimos antes. Adán es el esposo de la humanidad, es el esposo de Eva, que en ese instante era la única mujer sobre la faz de la tierra.

El segundo relato narra la creación del hombre en dos etapas sucesivas, como para dejar claro que «no es bueno que el varón esté solo». ¿Por qué sucede esto? Muy sencillo: si Dios es comunión de personas y el hombre está creado a su imagen, solo podrá alcanzar su plenitud en la comunión de personas. Por eso, del mismo modo que el Padre «necesita» al Hijo y al Espíritu Santo para vivir su plenitud, Adán «necesitaba» a Eva

---

[7] Romano Guardini, *El Señor*, p. 308.

desde lo más profundo de su naturaleza: es esposo.

Y así somos nosotros, así nos ha creado Dios: para ser sus profetas en medio del mundo, desvelando su verdad más profunda, que tiene raíces divinas; para ser sus sacerdotes ofreciendo dones y sacrificios agradables a Él; y para gobernar sobre las criaturas del mundo y unir nuestro corazón a Él mediante la vocación que nos dé. Así que, después de todo, no somos diferentes de Adán.

1.2.1. El Shabat: el corazón de Dios quiere que estemos junto a Él para siempre

Y, al séptimo día, Dios descansó y quiso que el hombre hiciera lo propio junto a Él. Preciosa realidad y prefiguración del Cielo, que será estar en un eterno descanso envueltos en el amor de Dios, con Jesús y las personas que a su amor se hayan acogido antes de fallecer. Hablemos ahora del final de la creación, de ese regalo llamado *Shabat*, y del significado del descanso pensado por Dios, que no podemos pensar simplemente como un cambio de actividad, sino más bien como una invitación a establecer una relación de amor con Él.

Dice un antiguo *adagio* que repetían los primeros cristianos, aquellos que vivían bajo persecuciones terribles, que, sin el domingo, no podían vivir. Y es que el domingo, ya desde la era apostólica, pasó a ser el centro de la vida de aquellos que creían que Jesús había resucitado al tercer día de su muerte, el primer día de la semana, esto es, el domingo, que pasa a ser celebración de la resurrección.

Obviamente nosotros celebramos el domingo como el día del Señor debido a esta realidad metahistórica, que supera el espacio/tiempo en que la historia se realiza. La pena es que, en pleno siglo XXI, cabe preguntarse si acaso no estaremos perdiendo el sentido del domingo. Seamos honestos, ¿podemos vivir sin el domingo? Y la respuesta, que puede ser teórica o existencial, debería ser en ambos casos un «no» rotundo: sin el domingo no podemos vivir. Sin embargo, no nos engañemos, muchas veces el domingo es más un día de evasión laboral que una jornada para regalar al Señor y entrar en esa relación de amor a la que nos llama. En lugar de descansar en el Señor, cumplimos el precepto y nos olvidamos de todo un poco. Por tanto, hoy en día la cuestión es si la parte cristiana de la población siente su fe como algo suficientemente importante como para someter la técnica y la economía a la referencia de este punto de vista dominical. Sin ánimo de sonar mal, porque mi admiración por el pueblo judío es grande, pero ¿cuántos cristianos son como judíos, que descansan en sábado y trabajan en domingo?

Si nos fijamos bien, la vida humana, desde que el mundo es mundo, está inmersa en continuos ciclos de tiempo, ya sean más o menos largos. Vivimos en un mundo circundante. Hay unos ciclos que son naturales, como el año, que viene dado por el movimiento de la Tierra en torno al Sol; el mes del calendario lunar, que depende de la Luna, y es el que utilizan los judíos; y no olvidemos el propio ciclo del día y la noche, que nos marcan el inicio y el final de cada jornada y recuerdan que el ciclo de la vida es un nacer para la luz y oscurecerse al final. Y así podríamos seguir.

Dentro de estos ciclos, está la semana, que es la división en cuatro de esa realidad natural que es el mes lunar. El Génesis acoge esta división y la estructura en siete días, también por el simbolismo de plenitud que tiene ese número. Y lo hace de la siguiente manera: seis días para trabajar y uno para descansar. Y, ojo, que la creación del hombre no es ajena a esa estructura. Si somos imagen de Dios y Dios descansó al séptimo día, ¿acaso nosotros no lo llevamos en nuestra naturaleza?

El caso es que todos los ciclos tienen un fin (posición del sol lejana, luna menguante, etc.). Pero esto, que pudiera parecer una tontería, inserta al domingo y su significado en este ciclo, aportándole un fundamento natural. Por tanto, podemos decir con toda paz que estamos hechos para necesitar el descanso en la presencia de Dios. Luego veremos cómo hacerlo. Si te fijas, en todos los ciclos se hace evidente que se precisa un descanso: vacaciones anuales, semanales y diarias. Necesitamos parar, al menos, un día por semana, y esa jornada de descanso es de importancia básica para la salud del cuerpo, para la capacidad de eficacia del espíritu y para el equilibrio de la vida entera. Es más, si se rompe esta disposición del descanso, pueden surgir consecuencias fatales para los individuos y para la sociedad.

Por esto (y más cosas que no procede ser desarrolladas ahora), este día de descanso ha recibido por la revelación un carácter religioso con la institución del Shabat. Y ¿qué es este Shabat? Pues es el día de descanso, sí, pero también es el día en que el hombre hablaba a Dios, el día en que le reconocía su grandeza. El día en que Adán y Eva eran libres respecto a todo lo creado y se dedicaban únicamente a disfrutar del Amado y su obra. De hecho, podemos decir sin temor a equivocarnos que el contenido del Shabat primitivo era más bien de adoración, de júbilo, de reconocimiento de Dios, de verdad y sagrada belleza.

Recapitulando un poco, comprendemos que, inmerso en este ritmo circular, la vida del hombre tiene un fundamento natural y otro religioso para el descanso. Pero todo, absolutamente todo, responde a que Dios ha creado un tiempo para que disfrutemos de su amor. El Shabat es tan importante que es un precepto que se mantiene, pese a la traición del hombre contra Dios.

Con este objetivo de llegar a disfrutar de la relación de amor con Dios (y con nuestros seres queridos en general también, claro que sí), aparece el trabajo. Claro que es un medio de santificación, pero, si nos fijamos un poco, después del pecado original, todo trabajo lleva algo de falta de libertad por la maldición que Dios hace caer sobre Adán. Ahora, el trabajo es también una especie de yugo del cual no podemos escapar –incluso cuando falta– y, por el pecado, es algo que nos causa fatiga y sudor. Esto lo percibieron claramente en algunas de las culturas antiguas, donde los hombres sabios se abstenían de trabajos manuales. Eso sí, por el camino dejaron de lado el hecho de que la Revelación descubre una ética en el trabajo y lo honra. En cualquier caso, el hombre necesita de un día para tomar aliento, liberarse del yugo del trabajo y ser libre, sabiendo que el Dios que le ama le va a proveer durante seis días de lo necesario a través de sus labores para vivir el séptimo. Por eso el domingo es el día de la Providencia, y perder su centralidad siempre provoca que el hombre se aleje de Dios y pierda la conciencia de que Dios le cuida en todo momento. Para que los judíos no olvidaran esto, en el libro del Éxodo, la Torá, nos recuerda expresamente que el Señor declaró sagrado ese día.

Recapitulando un poco: ¿qué es el Shabat?

- Es el día de descanso, sin el cual el hombre se vuelve inhumano, por progresivo y creativo que sea. Es el día en que Dios manifiesta su Providencia, diciéndole al hombre que tendrá lo suficiente para vivir a pesar de no trabajar esa jornada.

- Es el día en que el hombre se da cuenta de su dignidad de criatura de Dios, de ser imagen de Dios y en el que tiene una huella de la redención venidera; es el recuerdo de que, como decimos en el X prefacio dominical de la Misa, la humanidad está llamada a entrar en el descanso de Dios. Es el día de disfrutar de la filiación divina.

- Es el día en que el hombre ha de pensar en Dios de un modo especial, ya que los días laborales, por los cuidados de la vida, por ese yugo y penitencia, se nos hace más complicado. El Dios de corazón celoso ha creado un día para que estemos con Él.

Pero está claro que nosotros no celebramos ese Shabat que se mantuvo tras el pecado original, sino el domingo, que es el nuevo día de descanso querido por Dios tras, como Romano Guardini llama a la muerte de Cristo, el segundo pecado original. Dios mantiene y reitera por medio de la Iglesia este mandato para garantizar la libertad al hombre. Y lo hace, como sabemos, en el día de su resurrección.

De hecho, la fiesta del domingo de Resurrección manifiesta todo lo dicho anteriormente de manera bellísima. Se ve claramente en que se celebra el día del primer plenilunio de primavera, fin del invierno, comienzo de la vida, de un nuevo ciclo en el que la vida comienza a florecer[8]. Todos los domingos son imagen de este día de Pascua que nos recuerda la nueva vida que nos traerá el descanso del Cielo.

Tras esta redención, el trabajo adquiere un nuevo significado, pues todo lo que acontece constituye ahora una parte del gran proceso del nuevo y definitivo nacimiento, del proceso en el que el hombre se va conformando con Cristo, que trabajó como un hombre cualquiera durante la mayoría de los años de su vida mortal. Y, como ahora vivimos de la resurrección del Señor, que es apertura a la Eternidad, todo lo presente, después de su venida, adquiere una relevancia nueva y renovada de Eternidad. Por esto nos podemos hacer santos en el trabajo.

Pero, insisto, el descanso necesario se mantiene y se hace absolutamente imprescindible que el creyente viva el domingo conforme a su sen-

---

[8] Obviamente esto vale para el hemisferio norte, pero es que es allí donde se manifestó Dios a Israel. En cualquier caso, la simbología se entiende y su significado se extiende a todo el orbe.

tido y simbología, ya que es el día que prefigura el Cielo, el estar junto a Dios. Como hemos dicho antes, sin el domingo y su significado, el hombre quedará a merced de los poderes sociales, económicos y políticos, por no hablar de la esclavitud del ocio al que nos vemos sometidos especialmente en Occidente.

Esta apertura a lo social nos recuerda que el domingo tiene su significado comunitario también. Es el día en que toda la comunidad debe parar para dar gloria a Dios y dejar claro que no hay nada más importante que eso. Por eso un cristiano no puede caer en la tentación de equiparar el domingo al fin de semana o al simple descanso laboral y tiempo de ocio. Esta es una de las grandes enfermedades de hoy: necesitamos ocupar nuestro tiempo y somos incapaces del reposo. Estar en silencio, estar con uno mismo, estar leyendo la Palabra de Dios, conversando en familia, etc. Por contra, como decimos, el domingo parece un tiempo para llenarlo de pasatiempos, evasiones o para dejar de pensar en lugar de para dirigir los pensamientos hacia Dios. En resumen, el domingo se está utilizando no como una jornada para salir del mundo y entrar en contacto con la Eternidad, sino para evadirse de aquello en lo que tampoco anda Dios, para entrar en lo absurdo, en lo efímero y en lo insustancial.

Y, como lo llevamos en la naturaleza, romper el descanso en Dios del domingo puede traer problemas aun si no lo hacemos de mala fe (por trabajo, por ejemplo). Al poder establecer otros ciclos de descanso que no sean dominicales y comunitarios, corremos el riesgo de perder más cosas de las que podemos pensar. Cuando esto sucede (pienso en los periodistas, los sanitarios, etc.), la vida familiar se complica, pues se puede dar el caso de que no exista un tiempo concreto para la vida de familia o de comunidad. Nuestro descanso queda a merced, no ya de Dios, sino del trabajo y de lo artificial. Por eso, a menos domingo, más poder para las empresas y los estados... y menos libertad para el hombre que necesita amar y ser amado en gratuidad. Por eso no podemos renunciar al domingo como día de descanso para toda la sociedad, ya que dejamos de clamar que hay algo más importante que el trabajo: descansar con Dios y las mediaciones que Él ha puesto en nuestra vida. Por eso la Iglesia insiste en la necesidad de santificar las fiestas, para que no seamos esclavos. Este mandamiento, como todos, tiene un componente de liberación irrenunciable. ¡Es defender nuestra naturaleza, como individuos y como seres sociales que somos! Desde esta perspectiva comprenderemos mejor una frase lapidaria de Jesús: «El sábado se hizo para el hombre y no el hombre para el sábado» (*Mc* 2, 27).

Y ¿qué dice de esto el Catecismo? Leemos el punto 2185: «Durante el domingo y las otras fiestas de precepto, los fieles se abstendrán de entregarse a trabajos o actividades que impidan el culto debido a Dios, la alegría propia del día del Señor, la práctica de las obras de misericordia, el descanso necesario del espíritu y del cuerpo (cfr. *CIC*, can. 1247). Las necesidades familiares o una gran utilidad social constituyen excusas legítimas respecto al precepto del descanso dominical. Los fieles deben cuidar de que legítimas excusas no introduzcan hábitos perjudiciales a la religión, a la vida de familia y a la salud».

¡Qué bueno es el corazón del Dios que ha creado un día para que disfrutemos junto a Él sin mayores preocupaciones! Y ahora, antes de pasar a la vida con pecado, leamos unos textos bíblicos que nos confirman lo dicho hasta ahora: ¡Dios nos ha hecho para disfrutar con nosotros!

Efesios 1, 3-6: *Bendito sea Dios, padre de nuestro Señor Jesucristo, que nos ha bendecido en Cristo con toda clase de bendiciones espirituales en los cielos. Él nos eligió en Cristo antes de la fundación del mundo para que fuésemos santos e intachables ante Él por el amor. Él nos ha destinado por medio de Jesucristo, según el beneplácito de su voluntad, a ser sus hijos, para alabanza de la gloria de su gracia, que tan generosamente nos ha concedido en el Amado.*

Proverbios 8, 22-36: *El Señor me creó al principio de sus tareas, al comienzo de sus obras antiquísimas. En un tiempo remoto fui formada, antes de que la tierra existiera. Antes de los abismos fui engendrada, antes de los manantiales de las aguas. Aún no estaban aplomados los montes, antes de las montañas fui engendrada. No había hecho aún la tierra y la hierba, ni los primeros terrones del orbe. Cuando colocaba los cielos, allí estaba yo; cuando trazaba la bóveda sobre la faz del abismo; cuando sujetaba las nubes en la altura, y fijaba las fuentes abismales; cuando ponía un límite al mar, cuyas aguas no traspasan su mandato; cuando asentaba los cimientos de la tierra, yo estaba junto a él, como arquitecto, y día tras día lo alegraba, todo el tiempo jugaba en su presencia: jugaba con la bola de la tierra, y mis delicias están con los hijos de los hombres. Por tanto, hijos míos, escuchadme: dichosos los que siguen mis caminos; escuchad la instrucción, no rechacéis la sabiduría. Dichoso el hombre que me escucha, velando día a día en mi portal, guardando las jambas de mi puerta. Quien me encuentra, encuentra la vida y alcanza el favor del Señor. Quien me pierde se arruina a sí mismo; los que me odian aman la muerte.*

Juan 1, 1-10: *En el principio existía el Verbo, y el Verbo estaba junto a Dios, y el Verbo era Dios. Él estaba en el principio junto a Dios. Por medio de él se hizo todo, y sin él no se hizo nada de cuanto se ha hecho. En él estaba la vida, y la vida era la luz de los hombres. Y la luz brilla en la tiniebla, y la tiniebla no lo recibió. Surgió un hombre enviado por Dios, que se llamaba Juan: este venía como testigo, para dar testimonio de la luz, para que todos creyeran por medio de él. No era él la luz, sino el que daba testimonio de la luz. El Verbo era la luz verdadera, que alumbra a todo hombre, viniendo al mundo. En el mundo estaba; el mundo se hizo por medio de él, y el mundo no lo conoció.*

Tt 1, 2: [La vida eterna] fue prometida antes de los siglos por Dios, que nunca miente.

También podemos leer cosas análogas en el comienzo de las cartas a los Hebreos (cfr. *Hb* 1, 5-13) y a los Colosenses (cfr. *Col* 1, 16-17), que insisten en esta preexistencia de Cristo. También el propio Jesús durante la Última Cena hará referencia a esto (cfr. *Lc* 17, 24). Pero, por ahora, basta.

1.2.2. La misericordia se hace perdón: la vida fuera del Paraíso

Hemos visto que la creación es un acto de misericordia con nosotros, ya que no es otra cosa que el lugar pensado por Dios para que el hombre habitara con Él. Pero, claro, a veces utilizamos la palabra misericordia y no comprendemos su significado como debiéramos. Por tanto, antes de meditar la alianza de Dios con Adán, con el hombre, afrontemos brevemente la cuestión: ¿qué es la misericordia?

Se podría definir de mil maneras y acentuar muchos matices, pero todos ellos tienen en común una cosa: el acercamiento de ese Dios que es infinito y perfecto, ese Dios que es el bien, la verdad y la belleza, hacia su criatura. Es el movimiento natural de todo un Dios que, con entrañas de amor paterno y materno, se abaja y abraza la fragilidad del hombre.

Los diccionarios bíblicos, generalmente, resaltan dos términos en hebreo que traducimos por misericordia: *ra'hamim* y *hesed*. El primero vendría a ser, en término personales, el apego que brota del seno materno y de las entrañas de alguien por el otro. Por eso, la misericordia toma la forma del cariño, de la ternura, del estar junto al ser amado, etc.; el segundo tiene más que ver con la relación establecida entre dos personas en términos de alianza. Por eso, la misericordia toma el rostro de la fidelidad.

Y aquí vamos a pararnos ahora, porque la clave para entender bien la misericordia divina es el comprender la alianza que Dios hizo con nuestros primeros padres y, por extensión, con toda la humanidad; una alianza que se explicita cuando la Escritura nos dice que Él nos ha llamado a ser sus hijos, a ser de su familia. De hecho, este era el plan originario de Dios al crear a Adán y a Eva y así se ve en el Génesis: eran una comunidad de amor sin mancha, eran una familia bien avenida. Pero la humanidad decidió emanciparse de Dios y rompimos esa comunión, cayendo en el abismo del pecado. Y ahí se acercó Dios, al hombre pecador una vez más y nos volvió a llamar a casa, a volver a la familia. Quisimos dejar de ser hijos... y Él respondió llamándonos a ser sus hijos de nuevo. De hecho, este es uno de los sentidos que tiene el sacramento del Bautismo[9] y es lo que vamos a contemplar a lo largo de toda la historia de la Salvación: al hombre cayendo, alejándose de Dios, huyendo cual hijo pródigo, y al Señor esperándonos, llamándonos y abrazándonos cada vez que decidimos retornar. Y todo por puro amor: ese movimiento descendente de Dios es Su misericordia.

Además, como ya hemos visto, justo antes de la narración de la creación de Eva de la costilla de Adán, la Escritura nos deja ver que el hombre era sumamente inteligente. Pero lo cierto es que, a pesar de esa inteligencia y de la gran conexión que con Dios tenía, cayó en la tentación de la media verdad-mentira que la serpiente ofreció. Es curioso, pero, así como Dios les dijo que no co-

---

[9] Aunque hoy día parezca no sonarnos bien, sin embargo, el Catecismo es claro al enseñar, junto con toda la Tradición católica, que no nacemos siendo hijos de Dios, sino criaturas. Precisamente, como resume el punto 1279, el fruto del Bautismo comprende, además del perdón del pecado original y de todos los pecados personales, el nacimiento a la vida nueva, por la cual el hombre es hecho hijo adoptivo del Padre, miembro de Cristo, templo del Espíritu Santo.

man del fruto, la serpiente agrega una cosa que Dios nunca dijo: «no toquéis».

Eva cae en el engaño, hace pecar a Adán y ambos olvidan el deber de arrepentimiento para con Dios. Ahí tiene lugar un hecho patético: en lugar de pedir perdón, intentan ocultarse de Dios, como si eso fuera posible. Qué absurdo, ¿verdad? El caso es que Adán, al pecar, se vuelve una criatura muy inferior a lo que era, pero Dios les va a hacer comprender su amor y su misericordia de un modo nuevo gracias al perdón.

Como sabemos, Adán y Eva pierden el Paraíso, que es lo mismo que decir que pierden la unión que tenían con Dios antes del pecado. Tanto es así que el trabajo se convierte fatigoso para el hombre, una especie de penitencia, como dice Romano Guardini, y el parto, un dolor tremendo para la mujer, además del hecho de que, a partir de ese momento, tendría ansias del varón[10]. Dicho de otro modo, el sufrimiento y el mal aparecen como abismo insuperable en esta tierra entre el corazón de Dios y el del hombre, una distancia que este último, por sus propias

[10] Es muy notable cómo, en un periodo de apostasía general en Occidente, haya aparecido un feminismo radical que tiene como obsesión igualar la mujer al hombre en unos términos enfermizos, intentando, incluso, obviar todo vínculo biológico. Una ideología que, por desgracia, cumple a la perfección esta maldición de Dios, ya que toma como centro de todo su pensamiento al varón, en lugar de señalar que la mujer debería ser fiel reflejo del lado femenino de Dios.

fuerzas, jamás podrá reparar. Pero Dios mantiene su plan y les volverá a llamar al regalarle descendencia[11], que en la Escritura es signo de bendición.

Aquí es donde debemos tener claro que misericordia y perdón no son la misma cosa, aunque a veces haya tanta gente que lo confunda. Si la misericordia es el movimiento de ese Dios que, pase lo que pase, aun tras el pecado directo contra Él, sigue tendiéndonos la mano, el perdón es la respuesta del hombre a esa misericordia. La persona, consciente de ese amor y grandeza de Dios, experimentando que ha ofendido a quien le ama con toda perfección y de manera inmerecida, toma esa mano tendida, reconociendo su mal explícitamente y haciendo un buen propósito de la enmienda con el que se compromete a luchar con todas sus fuerzas para no volver a caer. Por eso hay que pedir perdón para ser perdonado, porque tenemos que poner en juego nuestra libertad para ir a Dios, ya que Él no puede obligarnos a nada y el amor necesita la libertad. Es el gran drama de Dios: se expone a que su criatura le rechace eternamente.

Pero tampoco podemos obviar que a quien más destroza el pecado es al que lo comete. Podemos imaginar lo que supuso para este primer matrimonio de la historia perder la relación que an-

---

[11] Cfr. *Gn* 4, 1 y 5, 3.

tes tenían con Dios. Muchas veces podemos sentirnos un poco así, especialmente tras una época de mucha unión con el Señor a la que sucede una caída. El vacío es monumental... pero nosotros tenemos la suerte de que Dios nos evita conocer todo lo que provocan nuestros pecados. Con la ruptura de unidad entre lo que el alma siente y padece y nuestro consciente, nos evita ver los horrores del pecado, una realidad que nos desesperaría inmediatamente. Dicen del Cura de Ars que le pidió al Señor la gracia de ver su alma y quedó tan horrorizado que nunca más quiso repetir la experiencia. Creo que Jesús nos evita ese espanto para que no desesperemos. El problema es que también es cierto que dicho regalo es utilizado por no pocas personas para negociar con el pecado sin mayores importunidades.

Pero volvamos al relato del Génesis. Dios, que les había preservado de ver el mal que ya sufrían tantos ángeles a causa de su rebelión contra Él, respetando la libertad de Adán y Eva, simplemente les previno. La disyuntiva era clara: si me hacen caso y no comen del árbol del conocimiento del bien y del mal, no habrá problemas. Pero, claro, Dios no nos puede robar la libertad, así que lo dejó en sus manos. El pacto, en verdad, era todo ventajas para el hombre, ya que, si lo pensamos un poco, claro que conocían el bien, pues conocían a Dios. Sin embargo, nuestros primeros padres, como sabemos, eligieron conocer el mal, a lo que el Altísimo, en un nuevo acto de misericordia con ellos, respondió regalándoles la muerte, posibilitando su futura liberación del pecado y abriendo el paso de retorno a la comunión plena con el Señor. Esto lo comprendieron bien algunos santos, como san Pablo, que en su carta a los Filipenses (cfr. *Flp* 1, 21), habla del morir como una ganancia, o santa Teresa de Jesús, cuya lírica merece que nos paremos a rezar y que dice aquello de[12]:

Vivo sin vivir en mí

Y tan alta vida espero

Que muero porque no muero.

Vivo ya fuera de mí

Después que muero de amor,

Porque vivo en el Señor

Que me quiso para Sí.

Cuando el corazón le di

Puso en él este letrero

Que muero porque no muero.

Esta divina prisión

Del amor con que yo vivo

Ha hecho a Dios mi cautivo

---

[12] Santa Teresa de Jesús, *Obras completas,* BAC, p. 644.

Y libre mi corazón;
Y causa en mí tal pasión
Ver a mi Dios prisionero
Que muero porque no muero.
¡Ay, qué larga es esta vida!,
Qué duros estos destierros,
Esta cárcel y estos hierros
en que está el alma metida!
Solo esperar la salida
me causa dolor tan fiero,
Que muero porque no muero.
¡Ay, qué vida tan amarga
Do no se goza el Señor!
Porque si es dulce el amor,
No lo es la esperanza larga;
Quíteme Dios esta carga
Más pesada que el acero,
Que muero porque no muero.
Solo con la confianza
Vivo de que he de morir,
porque muriendo, el vivir
me asegura mi esperanza.
Muerte do el vivir se alcanza,

No te tardes, que te espero,
Que muero porque no muero.
Mira que el amor es fuerte;
Vida, no me seas molesta;
mira que solo te resta,
para ganarte, perderte.
Venga ya la dulce muerte,
venga el morir muy ligero,
Que muero porque no muero.
Aquella vida de arriba,
Que es la vida verdadera;
Hasta que esta vida muera,
no se goza estando viva.
Muerte, no seas esquiva;
Viva muriendo primero,
Que muero porque no muero.
Vida, ¿qué puedo yo darle
a mi Dios, que vive en mí,
si no es perderte a ti
para mejor a Él gozarle?
Quiero muriendo alcanzarle,
pues tanto a mi Amado quiero,
Que muero porque no muero.

Tras el pecado y la pérdida del estado de inocencia, podemos ver cómo se ha roto algo más que la relación del hombre con Dios, ya que el vínculo entre Adán y Eva se debilita notablemente. El primero acaba acusando a la segunda de su pecado, casi como intentando quitarse la falta de encima. Incluso, en un cierto sentido, culpa a Dios de haberle dado a la mujer como compañera. Dice Adán: *La mujer que me diste como compañera me ofreció del fruto y comí*[13]. Es tremendo, pero ¿acaso no somos muchas veces como nuestro primer padre y tendemos a echar las culpas de nuestros males a terceros sin asumir los resultados de nuestros actos?

Otra de las consecuencias de la ruptura de la armonía entre los esposos es la aparición de enemistades entre los hijos, como vemos hoy día en muchísimas familias y lo que el Génesis nos muestra en el capítulo cuarto al narrar la historia de Caín y Abel. En este primer fratricidio de la historia, por cierto, rápidamente somos conscientes de que el trabajo con sudor en la frente genera un claro desorden en cuanto al fin del trabajo. El hecho de que tuvieran que sufrir al hacer su labor provoca en el corazón de Caín una sensación errada de propiedad y derechos sobre los dones de la tierra, que se expresa en que se guarda para sí las primicias de sus frutos, cosa que no hace su

---

[13] *Gn* 3, 12.

hermano Abel. Por eso Dios se fija en la ofrenda de Abel, porque era conforme Él había ordenado. Para acabar rápidamente con este relato, podemos caer en la cuenta de tres cosas más que nos demuestran la atención del Dios de las misericordias con nosotros: que Dios, aunque castiga a Caín, le promete su protección después de que este se arrepintiera (cfr. *Gn* 1, 13-16); que, conforme el pecado avanza en el corazón de los hombres, su vida se hace más breve para evitarles males mayores; y que el Señor, por la dureza del corazón de los hombres, permite la poligamia (cfr. *Gn* 4, 18), aunque solo temporalmente (cfr. *Mt* 19, 8).

Y así acaban los cinco primeros capítulos de la historia de amor de Dios con los hombres narrada en la Biblia. Adán y Eva tendrán un nuevo hijo, Set, que ahora, según el texto, será imagen y semejanza de Adán. Por tanto, es imagen y semejanza del hombre pecador (que a su vez sigue siendo imagen de Dios, ojo). Es la explicitación de la concupiscencia, de la inclinación hacia el mal que todos sufrimos, incluidas las personas más santas. De hecho, el Magisterio de la Iglesia así lo enseña en uno de los cánones del Concilio de Trento: «Nadie puede en su vida entera evitar todos los pecados aun los veniales, si no es ello por privilegio especial de Dios, como de la bienaventurada Virgen lo enseña la Iglesia» (*DS* 1573).

2
DIOS SUFRE «POR» NUESTRA MALDAD: LA ALIANZA CON NOÉ

Nos situamos ahora en un ámbito mucho más parecido al nuestro, ya que no estamos ante unas personas que habían vivido en perfecta unión con Dios, sino con una familia, la de Noé, que, si bien procedía de una ascendencia en comunión con Dios (con especial mención a Henoc, padre de Matusalén, el hombre más longevo de la historia), ya sufría las consecuencias del pecado. Tanto es así que, ya no es solo que el Señor redujera los años de vida del hombre, sino que, al comienzo del capítulo sexto, esa cifra de años se reduce drásticamente a los 120 y, un poco más adelante, llegamos a uno de los momentos más trágicos de la Escritura en el que el corazón de Dios se manifiesta de manera dramática[1]:

> Al ver el Señor que la maldad del hombre crecía sobre la tierra y que todos los pensamientos de su corazón tienden siempre y

---

[1] *Gn* 6, 5-8.

únicamente al mal, el Señor se arrepintió de haber creado al hombre en la tierra y le pesó de corazón. Dijo, pues, el Señor: «Voy a borrar de la superficie de la tierra al hombre que he hecho, junto con los cuadrúpedos, reptiles y aves del cielo, pues me pesa haberlos hecho». Pero Noé obtuvo el favor del Señor.

Sí, has leído bien: ¡a Dios le pesó haber creado al hombre! Imagina por un segundo que tienes un hijo y te arrepientes de haberlo tenido o que alguien se arrepiente de haberte puesto en su vida. Es tremendo... pero así, parece, se sintió Dios. ¿No debería hacernos pensar un poco en que el Señor sufre a causa de nuestros pecados? ¿Buscamos hacer feliz a Dios o no?

Pensemos ahora en Jesús... ¿no tiene relación esta limpieza del templo del mundo con algún pasaje de su vida? ¡Claro! Con la purificación del templo de Jerusalén que san Juan nos narra en el capítulo segundo de su Evangelio[2] y los demás evangelistas sitúan justo antes de la Pasión. Recordemos el *salmo* 69, 10, que es lo que cita el hijo pequeño de Zebedeo al recordar ese pasaje: *Porque me devora el celo de tu templo y las afrentas con que te afrentan caen sobre mí.* Si nos fijamos mínimamente, nos damos cuenta rápidamente de una cosa: ¡El

---

[2] Cfr. *Jn* 2, 13-25.

celo del corazón del Dios que envía el diluvio es el mismo celo que devora el corazón de Jesús!

Volviendo al Génesis, diremos que, por suerte, Noé, probablemente gracias al ejemplo de sus mayores, halló gracia a los ojos de Dios y, junto con su familia, se salvaron del desastre. Y con él nosotros, claro está. Otro acto más de la misericordia divina que se manifiesta en la fidelidad de un Dios que, en su anhelo por amar a sus criaturas, a sus hijos, mantiene y renueva siempre su alianza. Por cierto, solo en este contexto entenderemos todas las alianzas (que en el fondo son la reedición de la primera) que el Señor estableció con nosotros, incluida la que se consuma en Cristo.

Dice la tradición judía que el mundo vivía al contrario de la ley de Dios y, más en concreto, el Midrash afirma que Noé destacaba porque no estaba del todo corrompido, pero que, si hubiera vivido en tiempos de sus padres, apenas habría llamado la atención. Lo más importante, y por eso se salva, es que no duda de los mandamientos de Dios, sino que los cumple (en este caso, construir el arca). Vive a favor de los dictados del Señor, los realiza y cumplirlos le salva la vida, incluso en un ambiente en el que todos los de alrededor van en dirección contraria. ¡Qué gran lección para nosotros! Sin duda, la Escritura ya nos está enseñando que las órdenes del Dios que es Padre, del corazón amante del Señor que cuida de sus criaturas, de sus hijos, nos permiten ser libres, amar y, por tanto, ser plenos. Solo somos libres si vivimos al margen de las opiniones mayoritarias cuando son erradas y, por el contrario, abrazamos la verdad que Dios nos revela.

2.1. La purificación del Espíritu

No perdamos de vista que este libro pretende mostrar al Dios de las misericordias, al Dios que es infinita bondad y que única y exclusivamente busca nuestro bien. Desde este punto de vista, y sin permitirnos caer en la tentación de dudar de la bondad del Señor, afrontamos esta segunda y dramática alianza con la humanidad de un Dios doliente.

Hemos dicho desde el comienzo que Dios es Padre y acabamos de resaltar que solo quiere lo mejor para nosotros. Pues bien, seamos honestos con nosotros mismos y utilicemos la analogía paternofilial: ¿qué hace un padre cuando su hijo toma decisiones equivocadas y emprende un camino que le lleva a la destrucción? ¡Lo corrige por amor! Y eso es lo que Dios hizo con nosotros al enviar el diluvio universal, que debemos entender como una purificación del Dios loco de amor por sus criaturas y que está cansado de que estas se pierdan la grandeza de vivir con Él.

La historia del diluvio es clara: Dios se agarra a ese clavo ardiendo llamado Noé para salvar a su creación del mal, ordena la construcción de un arca gigante y pide al hombre que introduzca en él a toda clase de especies animales. Y le dice algo que nos inserta un poquito más en la acción purificadora de Dios: *De cada animal puro toma siete parejas, macho y hembra; de los no puros, una pareja, macho y hembra*. Si te fijas –y no es casualidad–, el escritor sagrado, a pesar de que suele ahorrarse las palabras para no pronunciar una de más cuando pone en boca de Dios una sentencia, no dice animales «impuros», sino «no puros»[3]. ¡Dios predica con el ejemplo! ¡No pronuncia una sola palabra negativa! En el nuevo orden de la gracia, el Señor no quiere nada malo y no define ni siquiera a los animales por su impureza (y aún menos a los hombres por su pecado). No podemos evitar un eco de las palabras de Jesús en el capítulo final del Apocalipsis: *Yo hago nuevas todas las cosas*. Además, Dios deja claro que quiere establecer una nueva alianza con Noé al decir: *Yo estableceré mi alianza contigo, y entrarás en el arca con tu mujer, tus hijos y sus mujeres* (*Gn* 6, 18).

Avanzamos un poco más, aunque nos saltemos brevemente la importancia de la paloma que aparece en el relato para nuestra vida. Si te fijas, es Dios quien ordena salir a Noé del arca. Seguro que sería algo bastante horroroso vivir así, lleno de animales encerrados con sus particulares nervios y olores, pero tiene que ser Dios el que da el mandato: ¡Sal! En el fondo, este pasaje también

---

[3] Esto se entiende mejor en el idioma original

nos descubre a nosotros cuando tenemos una época mala en la que no conseguimos salir de una cierta mediocridad e, incluso, nos hemos creado una zona de confort en ella y no somos capaces de darnos a nosotros mismos la orden de salir de ahí. Dios lo sabe y quiere espabilarnos, quiere que salgamos de esas situaciones que no son las propias para un hijo de Dios. Él nos pide salir de ahí y rechaza el «no puedo» y «el no soy capaz». La enseñanza es clara: toda purificación conlleva un salir de nosotros mismos para entrar en los caminos del Señor.

Volvamos ahora a lo que sucede entre que Noé sube y Dios le ordena bajar del interior del arca a tierra firme, porque vamos a toparnos de bruces con el Espíritu Santo.

Nos dice el Génesis que las aguas llenaron la tierra durante 150 días, tras los cuales Dios se acordó de Noé, de todas las fieras y de todo el ganado que estaban con él en el arca (¿Ves? ¡Dios cuida de todas sus criaturas, incluidos los animales!). El caso es que el agua comienza a evaporarse mes a mes, se empiezan a ver los picos de las montañas y, pasados cuarenta días desde este hito, Noé abre la claraboya del arca y suelta un cuervo, que ya no volverá en cuanto pueda ocuparse de lo suyo. Más adelante soltó la paloma, pero esta sí que vuelve. A los siete días hace lo propio y, ahora, el animal vuelve con una hoja verde de olivo en el pico. Una tercera vez sería soltada el ave, pero ya no volvería; señal inequívoca de que la tierra era ya un lugar habitable: ¡se había secado el agua en la tierra!

Pero, como hemos dicho, Noé no sale, hasta que Dios se lo ordena (*Gn* 8, 16-19): «*Sal del arca con tu mujer, tus hijos y tus nueras. Haz salir también todos los animales que están contigo, todas las criaturas: aves, ganados y reptiles; que se muevan por la tierra, sean fecundos y se multipliquen en ella*». *Salió, pues, Noé con sus hijos, su mujer y sus nueras. También salieron del arca, por familias, todos los animales, todos los ganados, todas las aves y todos los reptiles que se mueven sobre la tierra.*

Tras salir, ¿qué es lo primero que hace Noé? ¡Construir un altar para ofrecer sacrificios al Señor como acción de gracias! Y Dios, enternecido en su corazón y nunca superado en generosidad, promete a los hombres (*Gn* 8, 21-22): *No volveré a maldecir el suelo a causa del hombre, porque la tendencia del corazón humano es mala desde la juventud. No volveré a destruir a los vivientes como acabo de hacerlo. Mientras dure la tierra, no han de faltar siembra y cosecha, frío y calor, verano e invierno, día y noche.* Y no se quedará ahí la cosa, pues Dios repetirá el mandato de ser fecundos y multiplicarse a Noé y sus descendientes, establece una serie de normas adicionales y sella una alianza formal (*Gn* 9, 8-17): *Yo establezco mi alianza con vosotros y con vuestros descendientes, con todos los animales que os acompañan, aves, ganados y fieras, con todos los que salieron del arca y ahora viven en la tierra. Establezco, pues, mi alianza con vosotros: el diluvio no volverá a destruir criatura alguna ni habrá otro diluvio que devaste la tierra. Y Dios añadió: Esta es la señal de la alianza que establezco con vosotros y con todo lo que vive con vosotros, para todas las generaciones: pondré mi arco en el cielo, como señal de mi alianza con la tierra. Cuando traiga nubes sobre la tierra, aparecerá en las nubes el arco y recordaré mi alianza con vosotros y con todos los animales, y el diluvio no volverá a destruir a los vivientes. Aparecerá el arco en las nubes, y al verlo recordaré la alianza perpetua entre Dios y todos los seres vivientes, todas las criaturas que existen sobre la tierra.* Aún dijo Dios a Noé: *Esta es la señal de la alianza que establezco con toda criatura que existe en la tierra*[4].

Sobre este pasaje podríamos decir mil cosas, pero recordemos que estábamos hablando de que íbamos a toparnos de bruces con el Espíritu Santo. Si has leído con atención, habrás visto, al menos, tres elementos fundamentales: la paloma, el agua y la rama de olivo, cuyo fruto nos da el aceite. ¿Te suena a algo? ¡Estamos prefigurando

---

[4] El hecho de que la señal que nos recuerda el amor de Dios por nosotros sea el arco iris cobra especial relevancia hoy día, ya que precisamente esos colores se usan como bandera para pregonar ideologías absolutamente contrarias a la doctrina bíblica. Las personas que tomaron esos colores –uno quiere pensar bien– no serían conscientes de esto y no lo hicieron aposta, pero hay uno que sí lo sabía y, sin duda, pudo sugerírselo. Las casualidades tan poco casuales no existen.

el Bautismo! Un sacramento que nos hace hijos de Dios, nos purifica del pecado original y nos inserta en la Iglesia a través de los signos sacramentales del agua y del aceite (crisma y óleo). Con nosotros, como sucedió con Noé, Dios también establece su alianza familiar a través de estos símbolos el día en que fuimos bautizados.

Pero la reflexión es más profunda, ya que es el mismo Espíritu Santo el que toma posesión del alma de la persona, habitándola desde ese instante hasta que el hombre decida. Solo cuando una persona peca mortalmente, el Espíritu tiene que abandonar su morada en el interior del hombre. El caso es que la relación que la tercera persona de la Trinidad establece con el creyente parte de la filiación y sigue con una purificación. Y esto nos debería hacer pensar bastante, especialmente en un tiempo en el que Dios ha sugerido a los cristianos una renovación y profundización en la comprensión del papel del Espíritu Santo en nuestras vidas. El que antes era el gran desconocido, ahora es invocado por muchísimos movimientos eclesiales, retiros kerygmáticos, etc. Pero, claro, Satanás no es ajeno a todo esto y quiere engañarnos una vez más. ¿Cómo? Sugiriéndonos que el Espíritu simplemente es consolador, dador de carismas espectaculares y sentimientos que nos hacen experimentar de modo extraordinario a Dios. Como siempre, el diablo nos intenta apartar del Camino con una media verdad que oculta, precisamente, lo que hemos visto en la historia de Noé: que el Espíritu Santo nos purifica también.

Cuántas personas piensan que Dios no está ahí cuando no le sienten, cuántas personas piensan que Dios les ha dejado de lado cuando las cosas no van como ellos quieren, cuántas personas piensan que Dios les está castigando cuando, tras pecar, tienen que pasar por la purificación. Y así podríamos seguir. Pero está más que claro: si uno disocia Espíritu y purificación, está perdido. No solo lo vemos en la historia de la humanidad del diluvio, sino que en la vida de Jesús acontece algo extraordinario y que no puede pasar desapercibido: tras su unción bautismal, con la aparición del Espíritu en forma de paloma, ¿a dónde le lleva el Espíritu? ¡Al desierto! ¡A ser tentado! Y nosotros, que sabemos que la santidad consiste en una identificación con Cristo, ¿acaso vamos a ser diferentes? Si, como hemos visto, la puerta de entrada a la Iglesia es un sacramento purificador y la puerta de entrada al Cielo es otro sacramento purificador (penitencia y unción), ¿pretendemos ser cristianos e ir al Cielo sin dejarnos purificar por el Espíritu? Claro que nos dará consuelos maravillosos, pero el más importante es poder llamar a Dios «padre», que tiene poco que ver con ponernos a nosotros y a nuestros sentimientos en el centro. El corazón del Dios que es Padre nos corrige por nuestro bien. «Yo, a cuantos amo, reprendo y corrijo», nos recuerda el mismo Jesús en el libro del Apocalipsis.

Para comprender qué significa la plenitud del Espíritu Santo en nuestra vida terrenal, es importante fijarnos en el ejemplo de la «llena del Espíritu Santo», María, la madre de Jesús. Cualquiera que no lea ideológicamente la vida de la Virgen se da cuenta de que ese estar llena del Espíritu conlleva afrontar una serie de pruebas tremendas que podrían acabar con cualquiera. Su vida es de todo, menos fácil, y cuanto más cerca está del Señor (y por tanto más espiritual es su vida), peor se ponen humanamente las cosas. Aceptar su ministerio de ser la madre de Dios hizo que se arriesgara a ser lapidada al poder pasar por adúltera, sin ir más lejos. También tuvo que emigrar a Egipto y dejar su tierra natal. Soportó cómo el Señor se apartó de ella y le hizo ver que, además de madre, era, sobre todo, discípula. Jesús dijo que su madre y sus hermanos son quienes cumplen su voluntad, no quien le crio o con quienes jugaba de pequeño en familia. En definitiva, la exposición al dolor y al sufrimiento de la «llena de Gracia» fue tremenda. ¿Vamos a pensar nosotros que solo estamos llenos del Espíritu Santo cuando las cosas nos van bien? ¡Es absurdo! Incluso, creo que podemos decir sin miedo que pocas veces el Señor está tan cerca de nosotros como cuando nos está purificando. Así que no confundamos los siete dones y los frutos del Espíritu Santo con las manifestaciones exteriores y sensibles de la acción del Paráclito. Los carismas van en orden a cultivar en nosotros los frutos del Espíritu, así como para poner en juego sus dones, pero ni son un fin en sí mismo ni son algo que debemos ir a comprar al mercado de experiencias religiosas. Si son de Dios, llegarán como don y darán fruto.

Lo que el Espíritu Santo quiere formar en el corazón de toda persona está más que claro: el corazón de Jesús, ese corazón manso y humilde que, como hijo pequeño, pone toda su confianza en Dios y, por tanto, sabe que sus esperanzas han de estar puestas en su Padre. Y como su corazón pertenece al Señor por amor, comprende por qué la Escritura, en la definición de caridad, nos habla de paciencia, de soportarlo todo y de eternidad. ¡El amor no pasa nunca![5]. Cuando se vive así, aunque parezca mentira, puede llegar la alegría que no pasa y que san Francisco de Asís, uno de los hombres que mejor se han dejado modelar por el Espíritu Santo a lo largo de la historia, definía con la siguiente historia:

El mismo fray Leonardo refirió allí mismo que cierto día el bienaventurado Francisco, en

---

[5] *1 Co* 13, 4-8: *El amor es paciente, es benigno; el amor no tiene envidia, no presume, no se engríe; no es indecoroso ni egoísta; no se irrita; no lleva cuentas del mal; no se alegra de la injusticia, sino que goza con la verdad. Todo lo excusa, todo lo cree, todo lo espera, todo lo soporta. El amor no pasa nunca.*

Santa María, llamó a fray León y le dijo: «Hermano León, escribe». El cual respondió: «Heme aquí preparado». «Escribe –dijo– cuál es la verdadera alegría:

Viene un mensajero y dice que todos los maestros de París han ingresado en la Orden. Escribe: No es la verdadera alegría. Y que también, todos los prelados ultramontanos, arzobispos y obispos; y que también, el rey de Francia y el rey de Inglaterra. Escribe: No es la verdadera alegría. También, que mis frailes se fueron a los infieles y los convirtieron a todos a la fe; también, que tengo tanta gracia de Dios que sano a los enfermos y hago muchos milagros: Te digo que en todas estas cosas no está la verdadera alegría. Pero ¿cuál es la verdadera alegría?

Vuelvo de Perusa y en una noche profunda llego acá, y es el tiempo de un invierno de lodos y tan frío, que se forman canelones del agua fría congelada en las extremidades de la túnica, y hieren continuamente las piernas, y mana sangre de tales heridas. Y todo envuelto en lodo y frío y hielo, llego a la puerta, y, después de haber golpeado y llamado por largo tiempo, viene el hermano y pregunta: ¿Quién es? Yo respondo: El hermano Francisco. Y él dice: Vete; no es hora decente de andar de camino; no entrarás. E insistiendo yo de nuevo, me responde: Vete, tú eres un simple y un ignorante; ya no vienes con nosotros; nosotros somos tantos y tales, que no te necesitamos. Y yo de nuevo estoy de pie en la puerta y digo: Por amor de Dios recogedme esta noche. Y él responde: No lo haré. Vete al lugar de los Crucíferos y pide allí.

Te digo que, si hubiere tenido paciencia y no me hubiere alterado, que en esto está la verdadera alegría; y la verdadera virtud; y la salvación del alma»[6].

Es impresionante, pero, con esta historieta, el *Poverello* de Asís resume muy bien lo que el amor a Dios hace en nosotros, lo que un corazón cuya única esperanza está en Dios puede llegar a soportar. Repitamos: ¡El amor todo lo soporta! ¡El amor no pasa nunca!

Vamos a acabar este punto pasándonos por la historia de la torre de Babel, ya que Dios vuelve a castigar a la humanidad pecadora. Esta vez ya no es que desobedezcan los mandatos de Dios como en tiempos de Noé, sino que, directamente, quieren alcanzar el Cielo, ocupar el lugar del Señor, con la idea de hacerse un nombre (cuando el único Nombre sobre todo Nombre es el de Cristo, como nos deja claro san Pablo en *Flp* 2, 9) gracias a la construcción de una torre tan alta como la bóveda celeste.

¿Qué es lo que hace Dios? Les confunde la lengua y los hombres dejan de ser uno en la bús-

---

[6] San Francisco de Asís, *Escritos completos*, "Tratado de la verdadera alegría".

queda del ser como Dios. Por un lado, les imposi-
bilita la comunicación física y, por otro, les rompe
la comunión espiritual (que, en este caso, insisto,
era para el mal). Y si tienes un mínimo de formación cristiana, te darás cuenta de que este episodio tiene un contrario en los Hechos de los Apóstoles: la efusión del Espíritu Santo en Pentecostés.

Allí, los apóstoles llegan a ser uno de corazón
y sus palabras son entendidas en todas las len-
guas. Es exactamente lo contrario a Babel. La enseñanza es clara: tras la historia de la salvación,
tras el sacrificio de Jesucristo, tras la extraordina-
ria purificación de la humanidad, gracias al Señor podemos volver a la comunión, pero esta vez
en Él, en la santidad, en Dios. Pero no olvidemos
que los apóstoles, para recibir la plenitud del Paráclito, tuvieron que pasar por la oscuridad de la
Cruz, del propio abandono a Jesús y la conversión (por no hablar de dónde les llevará al final
de sus vidas: al martirio). Pues bien, nosotros,
como decíamos antes, no somos diferentes y el
Espíritu quiere que recorramos ese mismo camino. Desde esta perspectiva se comprende mejor una frase lapidaria de Jesús: *no he venido a lla-*
mar a justos, sino a pecadores (*Mt* 9, 13). Si Jesús ha
venido a buscarnos a todos y ha dicho esto, será
porque todos somos pecadores. Por lo tanto, todos necesitamos purificación para dejar de serlo.
Gracias a su corazón misericordioso, Dios nos
envía al Espíritu para alcanzar la plenitud.

El problema nos llega cuando no terminamos de asumir esta verdad de nuestro pecado y sus consecuencias. Es más, creo que es evidente que la fina línea existente entre buscar a Dios y buscarnos a nosotros mismos nos traiciona en ocasiones. El Espíritu encuentra resistencia en nuestro interior, que se rebela contra el mal ajeno de un modo insano y que justifica demasiados pecados. Generalmente, nos comprendemos muy bien a nosotros mismos y somos demasiado duros con los demás. Y añadiré una cosa: debemos tener más paciencia, pues de Saulo a san Pablo pasaron muchos años. No caigamos en el error de creer que lo normal es cambiar de un día para otro como si nuestra libertad y debilidad no lo impidiera.

Incluso en el judaísmo hay una enseñanza pentecostal que va en la misma dirección. Ellos (y nosotros guardando las fechas del Antiguo Testamento) celebran con gran solemnidad el día de Pésaj (Pascua), una jornada en la que se manifestó todo el poder de Hashem (Dios) con la división del mar Rojo y demás acontecimientos que conocemos. Pero, al día siguiente, comenzó una travesía que culminará en Shavuot (Pentecostés) con la entrega de la Torah (Ley) a Moisés en el Sinaí. Ese periodo se recuerda anualmente como un espacio de crecimiento personal (ellos hacen la llamada Cuenta del Omer) en el que simbolizan cómo la Ley es la culminación de la travesía que comienza en la esclavitud y acaba en la Torah como plenitud de la libertad. Algunos rabinos enseñan que, en el día de Pésaj, Dios infunde al alma toda su luz, pero la retira al día siguiente para que, durante esos 50 días que transcurrirán hasta Shavuot, la vayamos conquistando y eligiendo, haciéndola nuestra.

En el fondo, nosotros hacemos un poco lo mismo: la alegría de la Resurrección del Señor queda completada en nuestro caso con la gracia de Pentecostés y la «tristeza» de la Ascensión de Jesús a los Cielos queda elevada a una alegría espiritual cuando somos conscientes de que el mismo Espíritu del Señor habita en nosotros cuando vivimos en gracia. Y no solo eso: del mismo modo que en Pentecostés los judíos celebraban su Ley, nosotros celebramos que nuestro nuevo mandato es el Amor, que a nosotros nos llega a través de la tercera persona de la Santísima Trinidad. De este modo, cuando cumplimos los mandamientos por amor, alcanzamos la plenitud. Ahora puedes comprender un poco mejor estas palabras de Jesús[7]:

> *Si me amáis, guardaréis mis mandamientos. Y yo le pediré al Padre que os dé otro Paráclito, que esté siempre con vosotros, el Espíritu de la verdad. El mundo no puede recibirlo, porque no lo ve ni lo*

---

[7] *Jn* 14, 15-21.

conoce; vosotros, en cambio, lo conocéis, porque mora con vosotros y está en vosotros. No os dejaré huérfanos, volveré a vosotros. Dentro de poco, el mundo no me verá, pero vosotros me veréis y viviréis, porque yo sigo viviendo. Entonces sabréis que yo estoy en mi Padre, y vosotros en mí y yo en vosotros. El que acepta mis mandamientos y los guarda, ese me ama; y el que me ama será amado por mi Padre, y yo también lo amaré y me manifestaré a él.

Solo insistiremos en dos reflexiones finales:

Primera: si el Espíritu Santo quiere que vivamos de corazón el mandato del amor, cuya máxima expresión son los mandamientos, y nos cuesta tanto inclinar nuestra voluntad y cumplirlos siempre, ¿cómo va a ser un camino de rosas la acción del Paráclito en nosotros?

Y la segunda: reconozcamos que toda esta dinámica que tiene la Escritura de decirnos que solo ama quien cumple los mandamientos puede resultarnos chocante. ¿Acaso puede Dios obligarnos a amarle? Pero este planteamiento pasa por alto que, como hemos visto, Él nos ha amado desde antes de crearnos, que nos lo ha dado todo, que *nos ha amado primero*[8]. Desde esta perspectiva, al decirnos esto, el Señor está mostrando otra vez una especie de celos maravillosos: nos pide que le hagamos caso, que tengamos detalles con Él, que

---

[8] *1 Jn* 4, 19.

pensemos en Él, que le hablemos... en definitiva, que, por favor, le amemos. ¿No es precioso? Así como una enamorada le pide a su enamorado que tenga detalles con ella (¡y qué humildad hay que tener para hacer esto!), el Señor nos pide que hagamos lo mismo. Eso es cumplir sus mandatos: que le queramos. Pero qué difícil es amar. Lo comprobamos todos cuando queremos perseverar en una vocación: por momentos no es nada fácil cumplir con las exigencias de un estado de vida. ¿Quién no se cansa, a veces, de su cónyuge o de las exigencias de los hijos? Es normal, pero sabemos que el amor está por encima y luchamos por seguir adelante. ¡Eso es lo que nos pide Jesús!

3
LA ALIANZA CON ABRAHÁN: DIOS SE PROMETE A SÍ MISMO

Tras estas historias, la Biblia evidencia que el mal se ha extendido sobre la faz de la tierra. Pero Dios, como prometió a Noé, ya no aniquilaría a la humanidad, así que decide tirar del hilo. Busca a uno de los descendientes de Noé y le reclama para sí, *acordándose de la misericordia –como lo había prometido a nuestros padres– en favor de Abrahán y su descendencia por siempre*[1]. Exacto. Las palabras de la Virgen María expresan a la perfección lo que va a suceder ahora: el Dios de Adán y de Noé llama a Abrahán para hacerse presente una vez más a los hombres y reiterar su alianza.

Sal de tu tierra, de tu patria y de la casa de tu padre hacia la tierra que te mostraré, dice Dios a Abrán. Este, como antes hiciera Noé, obedece sin mayores reparos y, gracias a dicha sumisión, puede recibir el don de Dios. Eso sí, tampoco pensemos que Abrán era como un meteorito

---

[1] *Lc* 1, 54-55.

caído a la tierra y que no tenía una educación religiosa. Por eso es particularmente importante recordar su ascendencia. Abrán tendría fe en un Dios creador y, gracias a ello, tenía el corazón abierto a que Este pudiera intervenir en su vida. ¡Qué importante es tener los oídos del corazón bien abiertos a la novedad del Dios misericordioso que se acerca y nos habla! Claro que Abrán tendría sus anhelos propios: mujer, dinero, unas tierras, etc., pero pone los deseos de Dios por delante. Ese es un verdadero amor y una lección clara: nos debemos fiar de Dios y, si lo hacemos, no tenemos por qué temer a nada ni a nadie, pues Él nos dice claramente: *¿puede una madre olvidar al niño que amamanta, no tener compasión del hijo de sus entrañas? Pues, aunque ella se olvidara, yo no te olvidaré. Mira, te llevo tatuada en mis palmas*[2]. A nosotros el Señor nos dice lo mismo: salgamos de nuestras comodidades y de nuestros egos y podremos llegar al Cielo.

Y aquí hay un secreto hebreo. Ese «Sal de tu tierra» se dice «Lej lejá», que, literalmente, significa «vete para ti». Sabemos que Dios es celoso, pero no podemos pensar que es un obseso. Me explico: ese «vete para ti» une el amor divino con el amor humano y la Escritura deja claro, al explicitarle que debe llevar a su familia a la nueva tierra, que no se podrá amar a Dios sin hacer lo pro-

---

[2] *Is* 49, 15-16.

pio con los que aquí Él nos ha unido. Dicho esto, debemos añadir que ese «para ti» es muy necesario y nos indica que, si no sabemos amarnos bien a nosotros mismos, si no gozamos de una autoestima sana, no podremos darnos a los demás como Dios quiere. Por eso Jesús pone el baremo del amor al prójimo en el amor a uno mismo: porque, si nos queremos bien, podremos hacer lo propio con los demás. Si no nos aceptamos, si no nos amamos, iremos buscando suplir esas carencias en los demás, cosa que es tóxica. De ahí que Jesús llame primero a un selecto club a ser sus discípulos y solo más adelante los llamará al apostolado: porque tienen que conformar su corazón con el Suyo, tienen que ordenar sus amores, para poder amar y llevar el mensaje evangélico a sus hermanos, los hombres.

Pero este «Lej lejá»[3] de Dios a Abrán no viene solo, ya que Dios, en un arrebato de amor, vuelve a tender su alianza al hombre: *Haré de ti una gran nación, te bendeciré, haré famoso tu nombre y serás una bendición. Bendeciré a los que te bendigan, maldeciré a los que te maldigan, y en ti serán benditas todas las familias de la tierra* (*Gn* 12, 2-3). Pero esta promesa se concretará más adelante.

---

[3] Este «vete para ti» también se podría interpretar al estilo agustiniano, entendiendo que Dios está más íntimo a nosotros que nosotros mismos.

Entre tanto, tras unos capítulos en los que se narra la estancia del santo patriarca en Egipto, se nos presenta a su sobrino Lot y acontece el enigmático encuentro de Abrán con Melquisedec, rey de Salem y sacerdote del Dios Altísimo, que bendice pan y vino ante el propio Abrán[4]. Y, tras esto, llega la señal: ¡un hijo de su mujer estéril!

Es muy bonito atender a los detalles del texto, porque vemos perfectamente cómo Dios es increíblemente generoso con quien le ama y le da su corazón. Tanto es así que le va a prometer lo más grande: a sí mismo. En efecto, la promesa mesiánica llega en este momento, pero hay que estar un poco atentos al texto.

Dios saca afuera a Abrán y le dice que mire al Cielo y cuente las estrellas. Y le dice: «así será tu descendencia». Tras esto, le pide un sacrificio... y cae la noche. Claro, si nos damos cuenta, cuando el Señor saca a Abrán, es de día. ¿Cuántas estrellas vemos de día? ¡Una! ¡El sol! Ahora repasa lo que dijimos del Astro Rey cuando hablábamos de la creación. ¡Bingo! Dios le está prometiendo que, de entre sus descendentes, saldrá el Mesías. Por eso los evangelistas subrayan explícitamente que Abrán es ancestro de Jesús en *Mt* 1, 1 y *Lc* 3, 34. Esta es la historia de nuestra vida, pues no somos tampoco diferentes a nuestro padre Abrán:

---

[4] La referencia eucarística es evidente, pero no la desarrollamos ahora.

Dios nos pide la vida, la obediencia de la fe, para darnos lo más grande, a sí mismo.

Pero el hijo prometido no llega y, sin embargo, a Abrán le nace un niño –al que llamarán Ismael– con una esclava egipcia llamada Agar, provocando un ataque de celos tremendo de su mujer, Saray. El Señor también protegerá a Ismael, como hizo con Caín.

Finalmente, cuando Abrán tiene 99 años, Dios vuelve a la carga y reitera su alianza con el patriarca, al que cambia el nombre por Abrahán, que significa «padre de muchedumbre de pueblos». Asimismo, le promete la tierra de Canaán y le ordena una señal: la circuncisión de los varones de cada generación a los ocho días de nacer. Tan fuerte es el signo, que Dios dice: *Todo varón incircunciso, que no haya circuncidado la carne de su prepucio, será extirpado de mi pueblo, por haber quebrantado mi alianza* (*Gn* 17, 14). Abrahán, una vez más, obedece sin rechistar a Dios y circuncida a todos los de su casa. Hecha su parte, le tocaba a Dios, que responde visitando a su siervo y a su mujer y anunciando a través del ángel: *cuando vuelva a visitarte por esta época, dentro del tiempo de costumbre, Sara habrá tenido un hijo.* Una vez más, el amor de Dios siempre vence.

Hasta el nacimiento de Isaac, la Escritura nos narra la destrucción de Sodoma y Gomorra, que viene precedida por una negociación genuina y maravillosa de Abrahán con Dios. Él, que se sabía padre de muchos, intenta que las ciudades no sean arrasadas a causa de sus pecados y realmente el Señor le escucha y le concede lo que pide. El problema es que no existían justos allí y, del mismo modo que Dios había purificado con el diluvio a la humanidad, ahora hace lo propio con dichos lugares. El mensaje es siempre el mismo: purificación y destrucción del mal. Con un añadido: no podemos estar mirando para atrás en nuestra vida permanentemente, no podemos estar pendientes de nuestros pecados o de nuestros éxitos precedentes. ¡No! El único tiempo que tenemos para ser santos es el ahora y así debemos vivir para no quedarnos atrapados en el pasado, como le sucedió a la mujer de Lot. El pasado hay que entregarlo a la misericordia de Dios; el presente, vivirlo en el amor; y el futuro hay que confiarlo a la divina providencia.

Una vez nacido el hijo de la promesa, llega la última gran vuelta de tuerca a Abrahán. La historia la conocemos bien. Dios le dice: *Toma a tu hijo único, al que amas, a Isaac, y vete a la tierra de Moria y ofrécemelo allí en holocausto en uno de los montes que yo te indicaré*. ¡Muy fuerte! Pero ¿qué hace Abrahán? Lo de siempre: fiarse de Dios y obedecer. Claramente encontramos un corazón justo como el de Job, consciente de que lo que Dios da lo puede legítimamente quitar (cfr. *Jb* 1, 21).

Si nos damos cuenta, las tres señales de Dios a la alianza con Abrahán responden a un orden y a una intensidad del amor de Dios: primero ordena cortar animales; después, una parte del cuerpo del varón y, cuando en progresión lógica tocaría partir al hombre en dos, Dios detiene la salvajada y será Él mismo quien será atravesado en la Cruz. Desde esta perspectiva es muy sencillo comprender cómo Isaac es una prefiguración de Cristo y que Dios nos enseña, ya en estos tiempos pretéritos, que está tan loco de amor por nosotros que prefiere echarse encima la leña y ser sacrificado a que nos perdamos su amor eternamente: si Isaac subió al monte Moria (lugar donde Salomón construyó el Templo), Jesús ascendió al monte Calvario; si Isaac tomó la leña, Jesús tomó la Cruz; si Isaac llegó al monte Moria en asno, Jesús inicia la Semana de Pasión sobre una pollina; si Abrahán llevaba un cuchillo para atravesar a Isaac, Jesús fue atravesado por la lanza; si Isaac clama a su padre a punto de ser sacrificado, Jesús clamará a su Padre antes de ser sacrificado. Meditado detenidamente, es precioso. ¿Acaso no vemos claramente que el corazón del Dios que libra a un hombre de morir es el mismo corazón de Jesús que muere en la Cruz para que los hombres no tengan que morir?

La obediencia de Abrahán hace que caiga un nuevo diluvio, pero esta vez de baba. La intensidad del amor de Dios es muy palpable cuando uno lee estas palabras dirigidas por Él a su siervo (*Gn* 22, 16-18): *Juro por mí mismo, oráculo del Se-*

ñor: *por haber hecho esto, por no haberte reservado tu hijo, tu hijo único, te colmaré de bendiciones y multiplicaré a tus descendientes como las estrellas del cielo y como la arena de la playa. Tus descendientes conquistarán las puertas de sus enemigos. Todas las naciones de la tierra se bendecirán con tu descendencia, porque has escuchado mi voz.*

Tan literal es esta promesa que, si lo pensamos bien, quizá no haya un solo país en el planeta Tierra en que no haya judíos, cristianos o musulmanes, es decir, en que no haya un hombre que tome a Abrahán por su padre en la fe. Así de grande es Dios cuando lo amamos y comprendemos, como nos dijo Jesús, que quien le ama es quien cumple sus mandatos[5].

Vamos a acabar nuestro breve camino por nuestro padre en la fe recogiendo unas palabras de Benedicto XVI, en una de sus últimas catequesis como Papa, el 23 de enero de 2013:

> La fe lleva a Abrahán a recorrer un camino paradójico. Él será bendecido, pero sin los signos visibles de la bendición: recibe la promesa de llegar a ser un gran pueblo, pero con una vida marcada por la esterilidad de su esposa, Sara; se le conduce a una nueva patria, pero deberá vivir allí como extranjero; y la única posesión de la tierra que se le consentirá será

---

[5] Cfr. *Jn* 14, 21.

la de un trozo de terreno para sepultar allí a Sara (cfr. *Gn* 23, 1-20). Abrahán recibe la bendición porque, en la fe, sabe discernir la bendición divina yendo más allá de las apariencias, confiando en la presencia de Dios incluso cuando sus caminos se presentan misteriosos.

¿Qué significa esto para nosotros? Cuando afirmamos: «Creo en Dios», decimos como Abrahán: «Me fío de Ti; me entrego a Ti, Señor», pero no como a Alguien a quien recurrir solo en los momentos de dificultad o a quien dedicar algún momento del día o de la semana. Decir «creo en Dios» significa fundar mi vida en Él, dejar que su Palabra la oriente cada día en las opciones concretas, sin miedo de perder algo de mí mismo. Cuando en el Rito del Bautismo se pregunta tres veces: «¿Creéis?» en Dios, en Jesucristo, en el Espíritu Santo, en la santa Iglesia católica y las demás verdades de fe, la triple respuesta se da en singular: «Creo», porque es mi existencia personal la que debe dar un giro con el don de la fe, es mi existencia la que debe cambiar, convertirse. Cada vez que participamos en un Bautizo, deberíamos preguntarnos cómo vivimos cada día el gran don de la fe.

4
LA ALIANZA CON MOISÉS

Tras la bendecida muerte de Abrahán, su hijo Isaac continuó con su legado, dejando la primogenitura a Jacob, tras el engaño de este, compinchado con su madre, por el cual arrebataron dicho privilegio a Esaú. Es verdad que este último le vende la primogenitura por un plato de comida, pero la historia se las trae. Jacob, a quien Dios llamará Israel y del cual tomará nombre el pueblo elegido, será un gran hombre, que llegará a luchar con Dios, como se lee en *Génesis* 32, y tendrá doce hijos, de los cuales derivarán las famosas doce tribus. De la descendencia de uno de sus vástagos nacerá el Mesías, en concreto, de Judá, pero el hijo más popular es, sin duda, José, el gran profeta de los sueños y cuya vida guarda claros paralelismos con Jesucristo: un hijo de Israel vendido por sus hermanos y que, al final, resulta ser su salvador, dándoles de comer trigo y restaurando al pueblo. Aquí acaba el libro del Génesis, con Israel bien constituido y avenido...

pero fuera de la tierra prometida. Y Dios no se olvida de sus promesas.

El Éxodo nos narra la siguiente gran alianza, que es la que el Señor sellará con Moisés, el hombre más manso y humilde sobre la faz de la tierra (cfr. *Nm* 12, 3). Moisés es el profeta a través del cual Dios llamará a su pueblo de Egipto; es un hombre rescatado de las aguas; es un niño nacido de la tribu que será la sacerdotal –la de Leví– y que se salva de un infanticidio; es un líder que obrará prodigios de la mano de Dios... y así podríamos seguir, pues los paralelismos con Jesús también son impresionantes. Cuando uno conoce las vidas de Moisés y del Señor comprende que los evangelistas reconocieron en Cristo a la persona que la grandeza de Moisés preanunciaba.

La historia es bien conocida, así que no entraremos en ella con detalle: Moisés se compadece de la esclavitud de su pueblo, mata al oficial egipcio, huye, se casa con Séfora y es llamado por Dios en el Sinaí, revelándole su nombre: *«Yo soy el que soy»; esto dirás a los hijos de Israel: «Yo soy» me envía a vosotros*. Aquí hay que detenerse, porque el Señor, además de descubrir su identidad, vuelve a mostrar el amor de corazón con toda su vehemencia:

> *El Señor dijo a Moisés: «He visto la opresión de mi pueblo en Egipto y he oído sus quejas contra los opresores; conozco sus sufrimientos. He bajado a librarlo de los egipcios, a sacarlo de esta tierra, para*

llevarlo a una tierra fértil y espaciosa, tierra que mana leche y miel, la tierra de los cananeos, hititas, amorreos, perizitas, heveos y jebuseos. El clamor de los hijos de Israel ha llegado a mí y he visto cómo los tiranizan los egipcios. Y ahora marcha, te envío al faraón para que saques a mi pueblo, a los hijos de Israel» [...]. «Yo estoy contigo» [1].

¡Dios se revela contra el maltrato a su familia! Es maravilloso. Esta dicotomía entre vivir en Egipto o en la Tierra Prometida, además de ser un hecho histórico, tiene un claro significado alegórico: es la batalla del bien contra el mal; de la libertad contra la esclavitud. Y la Escritura nos enseña que el Señor es el gran empeñado en nuestra salvación, liberación y plenitud. Así hemos de entender las plagas, como artimañas de Dios para intentar destrozar el mal que anida en los corazones de los malvados. Bien sabemos lo que sucedió: tras la novena plaga, el faraón seguía con el corazón endurecido a más no poder y Dios le apercibe (*Gn* 11, 4-7):

A medianoche yo pasaré por medio de Egipto. Morirán en la tierra de Egipto todos los primogénitos: desde el primogénito del faraón que se sienta en su trono hasta el primogénito de la sierva que atiende al molino, y todos los primogénitos del ganado. Y se oirá un inmenso clamor en la tierra de Egipto

---

[1] *Gn* 3, 7-10. 12.

como nunca lo ha habido ni lo habrá. Mientras que
a los hijos de Israel ni un perro les ladrará, ni a
los hombres ni a las bestias; para que sepan que el
Señor distingue entre Egipto e Israel.

Justo antes, advierte a los suyos de que solo la sangre del cordero sacrificado puesto en las dos jambas y el dintel de sus puertas les librará de la desgracia. Asimismo, les ordena comer la Pascua todos los años como ley perpetua de generación en generación. Y así sucede: el Señor, por amor a los suyos, tiene que volver a purificar grandemente a un pueblo, en este caso, a Egipto, mientras Israel es salvado, familia por familia, por la sangre de un cordero.

El pueblo se pone en camino y el faraón, en un último arrebato de ira, se arrepiente de haber dejado marchar al pueblo de Dios, condenándole a la muerte. Pero aquí –¡otra vez!– sale Dios al rescate de su familia, recordando su alianza y dividiendo las aguas del mar Rojo en dos para que ni uno solo de los israelitas pereciera. Finalmente, Israel queda liberado de Egipto y pone rumbo a la tierra de Canaán, la tierra que Dios les había prometido.

Dicho esto: ¿acaso no resuena en nosotros el mismo proceder de Dios en Cristo?; ¿no nos salva la sangre del Cordero, que es Él?; ¿acaso no dijo, literalmente, que no hemos de temer y que hasta los cabellos de nuestra cabeza están contados?; ¿no renacemos también de las aguas en el

Bautismo, como ya vimos con Noé y repetimos ahora?; ¿no comemos al Cordero (Jesús en la Eucaristía y el pan ácimo) para poder afrontar el camino (la vida cristiana)?; ¿nunca has experimentado que Dios te envía alguna especie de plaga para ablandar tu corazón y conseguir que seas un poquito más santo? ¡Claro que sí! ¡Porque es el mismo corazón de Dios el que se nos revela en Jesús! De hecho, si nos vamos al Cenáculo, a la instauración de la Eucaristía, en el momento de la última cena pascual, san Lucas 22, 14-16 nos cuenta:

> *Y cuando llegó la hora, se sentó a la mesa y los apóstoles con él y les dijo: «Ardientemente he deseado comer esta Pascua con vosotros, antes de padecer, porque os digo que ya no la volveré a comer hasta que se cumpla en el reino de Dios».*

¡Ardientemente Jesús quiso celebrar la Pascua con nosotros! ¿Acaso no es el mismo ardor con el que Dios celebra la primera Pascua con el pueblo judío al salir de Egipto? Claro que sí. Una vez más nos damos cuenta de que el corazón del Dios que celebra la Pascua en Egipto es el mismo corazón de Jesús que celebra la Pascua en Jerusalén.

Pero, así como los apóstoles traicionaron al Maestro y huyeron en Getsemaní, el pueblo que encabezaba Moisés hizo lo propio: rápidamente dejaron de lado al Dios de los prodigios e, incluso, desearon no haber salido nunca de Egipto o haber muerto en el intento (cfr. *Ex* 16, 3). Aquí es donde el Señor regala el maná a Israel (prefiguración de la Eucaristía, verdadero alimento bajado del Cielo) y saca agua de la roca para dar de beber al pueblo. Vamos a detenernos aquí, ya que san Pablo nos dice en *1 Corintios* 10, 1-4:

> *No quiero que ignoréis, hermanos, que nuestros padres estuvieron todos bajo la nube y todos atravesaron el mar y todos fueron bautizados en Moisés por la nube y por el mar; y todos comieron el mismo alimento espiritual; y todos bebieron la misma bebida espiritual, pues bebían de la roca espiritual que los seguía; y la roca era Cristo.*

No quiero adelantar demasiado, pero esta roca de la que sale el agua que sacia la sed eterna será un tema central en el Evangelio de san Juan, que, como san Pablo, identifica esa roca como una prefiguración de Cristo. Además, el discípulo amado pondrá en boca de Jesús la necesidad de «nacer»[2] del agua, el agua «viva» que promete a la samaritana[3] y en la fiesta de las Tiendas[4] y, cómo

---

[2] *Jn* 3, 5.
[3] Cfr. *Jn* 4, 10-14.
[4] Cfr. *Jn* 7, 37-39.

no, el agua que brota de su costado abierto[5] tras la lanzada del soldado romano[6].

Justo después del pasaje de la roca que mana agua, encontramos otro pasaje en el que la sombra de Jesús aparece con toda su fuerza. Es cuando el Señor ayuda a que Israel pueda vencer en la dura batalla contra Amalec. El texto del Éxodo (*Ex* 17, 8-13) dice así:

> *Amalec vino y atacó a Israel en Refidín. Moisés dijo a Josué: «Escoge unos cuantos hombres, haz una salida y ataca a Amalec. Mañana yo estaré en pie en la cima del monte, con el bastón de Dios en la mano». Hizo Josué lo que le decía Moisés, y atacó a Amalec; entretanto, Moisés, Aarón y Jur subían a la cima del monte. Mientras Moisés tenía en alto las manos, vencía Israel; mientras las tenía bajadas, vencía Amalec. Y, como le pesaban los brazos, sus compañeros tomaron una piedra y se la pusieron debajo, para que se sentase; mientras, Aarón y Jur le sostenían los brazos, uno a cada lado. Así resistieron en alto sus brazos hasta la puesta del sol. Josué derrotó a Amalec y a su pueblo, a filo de espada.*

Vemos que se nos habla de una batalla entre Israel y Amalec, es decir, entre Dios y el mal.

---

[5] Cfr. *Jn* 19, 34.

[6] El agua que mana del costado abierto de Cristo en la cruz es tema absolutamente central en la espiritualidad y devoción al Sagrado Corazón de Jesús que trataremos en la segunda parte del libro.

Moisés es el profeta que está junto a dos amigos orando mientras el resto del pueblo anda dividido en dos frentes: los pocos que van a la batalla y el resto que aguarda el resultado de la guerra.

La clave es que cuando Moisés no reza, Amalec gana; y viceversa. ¿Qué nos dice esto? Que sin oración no podemos vencer determinadas tentaciones. También vemos el cansancio de Moisés, que se sacrifica por su pueblo al punto de que casi no puede mantener los brazos en alto. Esto, ¿qué significa? Que sin sacrificio tampoco podemos vencer al Enemigo. Piensa en una persona sin capacidad de sacrificio... mal le irá en esta vida, ¿verdad? Pues imagina qué complicado le será ir al Cielo a una persona que ni reza ni es sacrificada. Aquí entendemos mucho mejor por qué Jesús dirá que hay determinados demonios (por tanto, pecados) que solo se vencen con oración y con ayuno o sacrificio (cfr. *Mt* 17, 21). ¡La Escritura nos está enseñando exactamente lo mismo!

Un detalle muy bonito de este texto es que Moisés necesita gente que le ayude. Sin sus amigos no podrá cumplir su misión de proteger al pueblo, del mismo modo que a nosotros nos es imposible ir al Cielo yendo por nuestra cuenta. Sin la Iglesia, sin amigos, sin comunidad, sin formación, es casi imposible. La Escritura nos recuerda que necesitamos dejarnos ayudar –y consolar, si es preciso– y que comprendamos que, por mucho que seamos Moisés, todos llevamos el tesoro en vasijas de barro (cfr. *2 Co* 4, 7) y podemos caer, podemos rompernos. ¿No te recuerda esto a Getsemaní? ¡Jesús busca la ayuda y el consuelo de sus amigos en la hora de la prueba gracias a la cual salvará al mundo y conseguirá la victoria en la batalla contra el mal!

Asimismo, dice el Éxodo: la batalla dura hasta la puesta del sol, que significa hasta el final de la vida. Esto nos habla de la tensión de santidad que debemos tener. No tentemos a Dios ofendiéndole como si nada y banalizando el perdón. No pensemos que, como Él es bueno, todo vale. Eso es no comprender el amor. Si no nos importa hacer daño a la persona que nos ama y a la que amamos, no tenemos corazón; en verdad, no amamos. Lo cristiano, lo nuestro, es luchar nuestra santidad cada día en cada pequeño detalle. Sí, a veces es complicado y tampoco se trata de pensar todo el rato en el Señor (si acaso eso fuera posible), pero tengamos claro que debemos conformar nuestros pensamientos, deseos y sentimientos, según Cristo Jesús (cfr. *Rm* 15, 5).

Por eso, para el lector –orante– cristiano, detrás de este pasaje en que Moisés vence la batalla gracias a su perseverancia en la oración, resuenan fuertemente, una vez más, unas palabras de Jesús que pronunció en dos momentos absolutamente claves de su vida pública: tras instituir el grupo de los Doce (cfr. *Mt* 10, 22) y justo antes de ini-

ciar la semana de Pasión (*Mt* 24, 13): *el que perse-*
vere hasta el final se salvará.

Y un gesto final: ¿qué posición tiene Moisés?
¡Brazos extendidos en alto! ¿No nos suena esta
posición? ¡Claro que sí! ¡Jesús en la cruz! La Escritura ya nos preanuncia que la salvación, la
victoria sobre el mal, solo nos llega cuando abrazamos la Cruz y nos identificamos con Cristo,
ya no solo en el pensar, desear y sentir, sino con
la vida. ¿De qué nos serviría la fe sin obras? La
carta de Santiago nos lo deja muy claro: de
nada.

Podríamos decir muchas más cosas, pero
avancemos ahora a uno de los momentos más
importantes de la historia de la humanidad;
una nueva alianza de Dios con nosotros: la del
Sinaí.

Antes, Moisés organiza la vida del pueblo –gracias al consejo de su suegro, por cierto– y dice el
Éxodo que el profeta subió hacia Dios, que se
muestra contundente y vehemente en expresar su
predilección por Israel[7]:

> *Así dirás a la casa de Jacob y esto anunciarás*
> *a los hijos de Israel: «Vosotros habéis visto lo que he*
> *hecho con los egipcios y cómo os he llevado sobre alas*
> *de águila y os he traído a mí. Ahora, pues, si de*
> *veras me obedecéis y guardáis mi alianza, seréis mi*

---

[7] *Ex* 19, 3-6.

propiedad personal entre todos los pueblos, porque mía es toda la tierra. Seréis para mí un reino de sacerdotes y una nación santa». Estas son las palabras que has de decir a los hijos de Israel.

El profeta hizo lo que Dios le había pedido y, ¿qué hace Dios? ¡Lo mismo de siempre! El Señor dijo a Moisés: *Vuelve a tu pueblo y purifícalos hoy y mañana (Ex 19, 10)*. Solo así estarían preparados para recibir la Ley.

Dios les da los mandamientos como camino de libertad y amor (cfr. *Ex* 20, 1-17), a los que añade una serie de normas de convivencia y religiosidad (cfr. *Ex* 21-23), y «se sienta a esperar» una respuesta del pueblo. ¿Qué dirá este? Lo leemos en *Ex* 24, 3: *«Cumpliremos todas las palabras que ha dicho el Señor». Moisés, entonces, hizo una serie de holocaustos y derramó la mitad de la sangre de los novillos sobre el altar como sacrificio de comunión. Y el pueblo repitió: «Haremos todo lo que ha dicho el Señor y le obedeceremos».* Y es entonces cuando Moisés derrama la otra mitad de la sangre del sacrificio sobre el pueblo, diciendo: *«Esta es la sangre de la alianza que el Señor ha concertado con vosotros, de acuerdo con todas estas palabras» (Ex* 24, 8). Nos suenan estas palabras a la Última cena, ¿verdad? Desde ahora, el pueblo y el altar, Israel y Dios, compartirían una misma sangre. Esto también nos suena, ¿no? ¡Jesús! Verdadero Dios y verdadero hombre, por cuyas venas corrió sangre humana y divina, que fue derramada, como cordero de Dios, por la salvación de todos nosotros, estableciendo una nueva alianza con su sangre.

Pero estos ímpetus con los que Israel decidió amar al Señor y ponerle como epicentro absoluto de su ser y de su vida duraron más bien poco. A fin de cuentas, aquellos hombres no eran tan diferentes a nosotros, que tantas veces, tras una experiencia fuerte de Dios, olvidamos rápido lo vivido o le exigimos experiencias religiosas siempre nuevas. Y el pueblo traicionó al Señor en el famoso episodio del becerro de oro (cfr. *Ex* 32).

4.1. Dios es un buen negociante... pero el profeta también

Y es justo aquí donde la Escritura nos revela otro detalle conmovedor del corazón de Dios: es increíblemente tierno cuando ve que tenemos buena disposición y tenemos con Él la confianza que todo hijo debe tener con su padre.

Seguimos con Moisés, que, junto a Josué, se dispone a bajar de la montaña con las tablas de la ley en la mano feliz de la vida. Pero este último alerta al profeta (*Ex* 32, 17-18):

> *«Se oyen gritos de guerra en el campamento». Y contestó Moisés: «No es grito de victoria, no es grito de derrota, que son cantos lo que oigo».*

Efectivamente, cuando sus ojos alcanzan a ver el campamento, se encuentran con el becerro de oro que los israelitas han construido reuniendo todas sus riquezas. Una escultura a la que adorar en ausencia de Dios, demostrándonos la Escritura que el hombre, al estar hecho por una entidad superior, por naturaleza necesita entregarse a algo por encima de él. Es el lado «bueno» del pecado, que siempre nos alerta de que hay un anhelo último en el corazón del hombre que debe resolver. El que esto descubre, como le gusta decir al papa Francisco, puede acabar siendo un santo con pasado y un pecador con futuro.

¿Qué hace Moisés al comprobar que el pueblo ha abandonado al Dios de la Alianza que les sacó de Egipto? Rompe las tablas y fulmina tanto a la idolatría como a los idólatras. En concreto, dice la Biblia, hubieron de matar a tres mil pecadores. Cualquiera piensa que, como acabamos de decir, Dios es un ser entrañable, ¿no? Si leemos estos pasajes con una literalidad histórica absoluta, sin atender al significado religioso, nos perderemos la gran enseñanza que nos quiere ofrecer el texto: ¡Dios quiere eliminar el pecado! ¡Dios no quiere pecadores! ¡Dios quiere purificarnos para que seamos plenos y podamos disfrutar de su amor! Incluso, podemos decir que a veces Dios llama a la muerte de algunas personas prematuramente para evitarles futuros pecados[8]. ¿Significa eso que es malo porque no nos deja vivir cuanto nosotros queremos? ¡No! ¡Al revés! Dios, que nos mira con ojos de eternidad y quiere asegurarse nuestra presencia en el Cielo, trabaja desde esa perspectiva. Que nosotros no seamos capaces de ver como Dios no significa que Él no lleve razón. Más bien, podemos afirmar con toda rotundidad y paz que Él siempre hace el bien y lo correcto.

Sí, a veces Dios es severo, pero esto, si somos honestos y atendemos a nuestra propia experiencia humana, lo comprendemos rápido. Incluso, descubrimos que esta dureza es una muestra más de su sed de amor por nosotros.

Partamos de la verdad de fe que es el hecho de que Dios nos da a todos oportunidades más que suficientes para llegar al Cielo, para volvernos a Él y convertirnos. Asimismo, sabemos de sobra que repetidamente nos ha dicho y nos dice que tenemos que estar alerta. ¿Por qué hay que estar alerta? ¿Porque va a ir a pillarnos? ¡No! ¡Por amor! Dios no quiere que bajemos la guardia del amor y por eso aprieta un poco las tuercas y nos

---

[8] En un sentido análogo, san Pablo recomendará en *1 Co* 5 que las personas que no acepten la corrección fraterna sean expulsadas de la comunidad. Se trata de evitar que sigan propagando el mal cuando se obstinan en él y que, fuera del ámbito de lo sagrado, puedan darse cuenta de lo que significa el pecado y sus consecuencias. Toda vez que el pecador reconozca la miseria del exilio, siempre podrá retornar a la comunidad.

advierte de lo que puede pasar si abandonamos su hogar.

Pues bien, del mismo modo que una persona está atenta a las necesidades de su amado, nosotros tenemos que estar atentos a las necesidades de Dios. Porque Dios tiene sed de que le amemos y de que hablemos con Él. Dios tiene sed de que le recibamos en nuestra casa; Dios tiene sed de purificarnos para darnos plenitud; Dios tiene sed de abrazarnos; Dios tiene sed de perdonar nuestras faltas. Repito: Dios, en definitiva, quiere que le amemos. Este estad alerta de Dios es como un reclamo de amor, es ver a todo un Dios que mendiga nuestro amor.

Pensemos otra vez, como hicimos páginas atrás, en esas personas que nos reclaman amor a lo largo de nuestra vida y lo hacen con razón (no hablamos de quienes reclaman lo que no les pertenece, pues estaríamos hablando de toxicidad). Casos tan cotidianos como cuando una esposa le pide de corazón a su esposo que le haga caso y le cuide, que tenga detalles; o cuando un hijo reclama de sus padres un poco de atención. ¿No es precioso ver a alguien a quien le debemos amor pidiéndonos amor? ¿No es precioso ver esa humildad de quienes nos quieren y nos piden cariño? ¡Pues así de maravilloso es Dios!

Si tenemos los ojos del corazón mínimamente abiertos, nos daremos cuenta. El Señor nos llama permanentemente a través de mil cosas. Creo que esto lo sabemos todos, aunque siempre queremos una llamada más mientras retrasamos nuestro cambio de vida, ese tomarnos mucho más en serio la vida de fe. Pero no deja de ser triste ver cómo el Amor no es amado, cómo no amamos a quien ha dado su vida por nosotros. Hemos de reconocer que nos falta tensión de amor muchas veces. Hay mucha gente que, hoy día, dedica mucho más tiempo a las Redes Sociales, al móvil, a la televisión o al ordenador que a las personas a las que supuestamente ama. O pensemos en lo que dedicamos a Dios y hagámoslo con cifras: pongamos que dormimos ocho horas al día, así que disponemos de 960 minutos despiertos a lo largo de un día. Pues bien, 60 minutos al día para Dios sería la friolera de un 6,25% de nuestro tiempo para Él. ¿De verdad es mucho tiempo para quien ama?

Verdaderamente es enternecedor –aunque también es triste– comprobar cómo Dios mendiga nuestro amor de una manera tan desesperada. Él, que nos ha dado la vida, que nos ha juntado con gente maravillosa, empezando por nuestra familia y amigos. Él, que nos ha dado unos talentos preciosos con los que vivimos y nos ha dado un tiempo precioso para vivir. Él, que nos ha regalado el sentido de la vida y nos ha prometido un amor perfecto. Y no le hacemos caso. El Amor no es amado, aunque es cierto que la tristeza que brota en el alma al tomar conciencia de ello dura poco al comprobar cómo nos llama cada día e insiste en llevarnos a sus brazos. Personalmente, tanto amor hace que tome conciencia de que, sí, aunque suene una locura, Dios necesita de mi amor y del tuyo. El corazón de Jesús sufre por nosotros. Por eso, no queramos tentar al Señor, no consintamos aprovecharnos de su bondad y no tentemos a su amor. Antes bien, pongamos amor a quien solo nos da amor.

Volvamos al texto, porque la Escritura nos revela que Dios tampoco quiere esclavos en el mal sentido de la palabra, sino que anhela gente audaz y resuelta. Y nos lo exige, no sin su pizca de humor. En este punto, te animo a que cojas tu Biblia y leas el capítulo 33 del libro del Éxodo.

Ojo a la desfachatez de Dios, que le dice a Moisés: «*Anda, sal de aquí, con el pueblo que sacaste de la tierra de Egipto*». El profeta, que de tonto no tenía un pelo, le recuerda al Señor que él ha sido fiel y le pone a prueba, recordando a Dios que ese pueblo no era suyo, sino Suyo. Y le dice: «*si realmente he obtenido tu favor, muéstrame tus designios, para que yo te conozca y obtenga tu favor; mira que esta gente es tu pueblo*». Parece una especie de partido de tenis en el que tanto Moisés como Dios quieren desentenderse de la propiedad de ese pueblo infiel. Ambos dicen que Israel es del otro. Finalmente, el partido lo gana Moisés gracias a su confianza, descaro y amor por Dios, así que el Señor, rendido, vuelve a renovar su alianza con Israel[9]: «*Yo voy a concertar una alianza: en presencia de tu pueblo haré maravillas como no se han hecho en ningún país ni nación*». Repito: lee desde *Éxodo* 32-34 y verás. Simplemente añadiremos una cosa: Dios reconoce, una vez más, que es «celoso» (*Ex* 34, 14) de amor por nosotros. Lo mismo que reconocerán los apóstoles en Jesús, tal y como indicamos al comenzar nuestra andadura por la vida de Noé en este libro.

Justo en este punto, hay que reconocerlo, el Pentateuco se pone pesado. Comienza la descripción de todo tipo de rituales, ofrendas, normas litúrgicas, medidas de la tienda del encuentro, etc. Pero, aunque es verdad que leerlo todo puede ser duro, sin embargo, se nos revela una cosa fundamental para conocer y comprender mejor el amor de Dios. Porque el hecho de que a Dios le interesen hasta los detalles más nimios nos revela que, de nosotros, le interesa igualmente todo, pues nos ama hasta el extremo. No quiere chapuzas, sino cosas bien hechas que reflejen el orden de su amor por nosotros y de nosotros por Él.

Quizá el momento culminante de este cuidado de todo llega en *Deuteronomio* 4, 1-2:

---

[9] *Ex* 34, 10.

Ahora, Israel, escucha los mandatos y decretos que yo os enseño para que, cumpliéndolos, viváis y entréis a tomar posesión de la tierra que el Señor, Dios de vuestros padres, os va a dar. No añadáis nada a lo que yo os mando ni suprimáis nada; observaréis los preceptos del Señor, vuestro Dios, que yo os mando hoy.

Que, sin duda, nos puede hacer recordar estas palabras de Jesús (*Mt* 5, 17-19):

No creáis que he venido a abolir la Ley y los Profetas: no he venido a abolir, sino a dar plenitud. En verdad os digo que antes pasarán el cielo y la tierra que deje de cumplirse hasta la última letra o tilde de la ley. El que se salte uno solo de los preceptos menos importantes y se lo enseñe así a los hombres será el menos importante en el reino de los cielos. Pero quien los cumpla y enseñe será grande en el reino de los cielos.

O este proverbio (*Pr* 30, 5-6):

Las palabras de Dios son de fiar. Él es escudo para los que esperan en él. No añadas nada a sus palabras, te replicará y quedarás por mentiroso.

O esta advertencia final de *Apocalipsis* 22, 18-19:

Yo declaro a todo el que oye las palabras proféticas de este libro: Si alguien añade algo a estas cosas, Dios añadirá sobre él las plagas que están escritas en este libro. Y si alguien quita algo de las palabras de este libro profético, Dios quitará su parte del árbol de la vida y de la ciudad santa, descritas en este libro.

En definitiva, cuando Jesús dice que hasta los cabellos de nuestra cabeza están contados, es por algo. No está improvisando, no es algo que nos revele de nuevas, sino que es la continuidad de un mensaje de amor de Dios por nosotros, evidente en la Escritura: le importa absolutamente todo de nosotros. Porque, si lo pensamos bien, cuando uno ama, ama con todo.

Antes de acabar este capítulo y salir definitivamente del Pentateuco, te animo vivamente a que reces en presencia de Dios las palabras de la *Shemá*, un texto sin el cual no se entendería bien gran parte del judaísmo y, por qué no decirlo también, del cristianismo, que no es más que la plenitud y culmen de la fe de nuestros primeros padres. Del mismo modo que los judíos las repiten a diario (y la liturgia de las horas católica cada sábado y vísperas de solemnidades en el rezo de Completas), pronuncia con el corazón este texto sagrado que encontramos en *Dt* 6, 4-9:

Escucha, Israel: El Señor es nuestro Dios, el Señor es uno solo. Amarás, pues, al Señor, tu Dios, con todo tu corazón, con toda tu alma y con todas tus fuerzas. Estas palabras que yo te mando hoy estarán en tu corazón, se las repetirás a tus hijos y hablarás de ellas estando en casa y yendo de camino, acostado y levantado; las atarás a tu muñeca como un signo, serán en tu frente una señal; las escribirás en las jambas de tu casa y en tus portales.

Pero no vayamos tan rápido, pues a todo orante atento le surge una pregunta al meditar estas palabras –a las que debemos unir, por ejemplo, las de *Dt* 30, 16[10]– y contemplar cómo Dios nos ordena amarle. ¿Puede el amor ser un mandato? La respuesta de fe, evidentemente, es que, si Dios lo ordena, no nos cabe otro remedio que afirmarlo, pues lo contrario, ante palabras tan explícitas, sería una perversión del texto e impedirle decir lo que quiere exigir.

¿Por qué el amor es un mandato? Porque el Cielo es puro amor y nadie puede tener lo que no quiere. Por tanto, quien no quiera amar, no podrá ir al Cielo, pues habrá escogido otra cosa. Y una cosa muy importante: el amor no es un sentimiento, sino que es algo que brota del corazón en el sentido escriturístico con el que estamos enfocando este asunto, es decir, que el amor verdadero y pleno (como el del Cielo) precisa de todas nuestras facultades: del inteligir, del querer y del sentir. Por tanto, si queremos ser felices y plenos, no nos queda otra que amar. Por el contrario, si queremos lo contrario del amor, solo tenemos

---

[10] *Yo te mando hoy amar al Señor, tu Dios, seguir sus caminos, observar sus preceptos, mandatos y decretos, y así vivirás y crecerás y el Señor, tu Dios, te bendecirá en la tierra donde vas a entrar para poseerla.*

que ir en dirección contraria de Quien es el Amor. De hecho, el infierno al final es eso: la lejanía del Amor tras haberse dado cuenta de Quién es el Amor en el juicio particular, en ese examen sobre el Amor del que hablaba san Juan de la Cruz.

Por tanto, el Señor no nos ordena amar en un sentido dictatorial, pues nos deja libertad, pero queda claro que para ir al Paraíso solo hay un camino, el del Amor. Dios lo dice claramente en *Dt* 30, 15: *pongo delante de ti la vida y el bien, la muerte y el mal*. Y a eso se dedica el Señor durante toda nuestra vida, a mostrarnos algo de la tierra que nos tiene prometida. En palabras de santa Teresa aludiendo precisamente al pueblo de Israel en el desierto: «Parece que le ha querido el Señor mostrar [al alma del cristiano] algo de la tierra a donde ha de ir, como llevaron señas los que enviaron a la tierra de promisión los del pueblo de Israel (cfr. *Nm* 13, 18-24), para que pase los trabajos de este camino tan trabajoso, sabiendo a dónde ha de ir a descansar»[11].

De nosotros depende elegirlo o rechazarlo.

---

[11] *Las Moradas* (6. 5, 9).

5
LA ALIANZA CON DAVID

La entrada en la tierra prometida del pueblo de Israel llega tras la muerte de Moisés, que deja como testimonio una serie de discursos magníficos que podemos rezar leyendo el libro del Deuteronomio. El pueblo, ya con Josué al frente, tras inspeccionar como es debido la tierra, acabará entrando allí donde Dios le había prometido, no sin cierta emoción, ya que la historia de la Pascua se repite hasta el punto de que volvemos a encontrar otro episodio en que las aguas, esta vez del río Jordán, se dividen en dos para que los israelitas lo puedan cruzar.

Lo más importante de todo es que Dios cumple sus promesas y que jamás retira su misericordia hacia su pueblo. El Señor, como dirá explícitamente siglos más tarde, lleva tatuado en la palma de su mano (cfr. *Is* 49, 16) a su gente, entre los que nos podemos contar nosotros con toda certeza. Y Dios es fiel a pesar de que Israel y las personas que formamos la Iglesia somos reiteradamente infieles. Lo que sucede en este punto de la historia de la salvación no es diferente: tras entrar en Canaán, tomar Jericó y repartirse, finalmente, la tierra, Josué sellará un nuevo pacto. Asimismo, para poder consolidar el gobierno del pueblo, más adelante el Señor irá suscitando una serie de Jueces que gobernarán a Israel con el espíritu de Yahveh, eso sí, en medio de continuos quebrantamientos de la ley por parte del pueblo.

Es entonces cuando Dios hizo surgir al profeta Samuel, a quien los ancianos de Israel pidieron que les concediera un rey. El Señor ya había previsto esto en tiempos de Moisés[1], así que aceptó:

> *Cuando entres en la tierra que el Señor, tu Dios, te va a dar, la tomes en posesión y habites en ella, si dices: «Voy a poner sobre mí un rey, como todas las naciones que me rodean», podrás poner sobre ti un rey que elija el Señor, tu Dios. De entre tus hermanos, pondrás un rey sobre ti; no pondrás sobre ti un extranjero, que no sea hermano tuyo. Pero él no poseerá muchos caballos ni hará volver al pueblo a Egipto para aumentar sus caballos, pues el Señor os ha dicho: «No volveréis jamás por ese camino». No poseerá muchas mujeres, para que no se descarríe su corazón, ni atesorará demasiada plata y oro. Cuando se siente sobre su trono real, se hará escribir en un libro una copia de esta ley que conservan los sacerdotes levitas. La tendrá consigo y la leerá todos*

---

[1] Cfr. *Dt* 17, 14-20.

los días de su vida, para que aprenda a temer al Señor, su Dios, observando todas las palabras de esta ley y todos estos mandatos para cumplirlos. Así no se engreirá su corazón sobre sus hermanos ni se apartará de este precepto a derecha ni a izquierda, y él y sus hijos prolongarán los días de su reinado en medio de Israel.

Con estos «condicionantes», el profeta ungió rey a Saúl, fiel al principio, pero quebrantador de la alianza después, así que Samuel, por iniciativa divina, buscó un nuevo rey y lo encontró: David. El mero hecho de que Dios buscara una salida para los pecados de Israel ya nos vuelve a dejar claro su compromiso con su gente. Podemos decirlo sin miedo: ¡Dios es un pesado! Pero un pesado para bien.

David es el pequeño de una familia numerosa. Nacido en Belén de Judá, su profesión era la de pastor y, parece ser, era un chaval guapo. Hombre valiente y aguerrido, como demuestra al vencer al temido Goliat, pero con un corazón noble, David lo tenía todo. Por eso causó los celos de Saúl, que le intentó matar en más de una ocasión. Sin embargo, Dios le protegió ante todos sus enemigos y, así, llegó a ser el rey de las tribus del sur y del norte, estableciendo en Jerusalén su morada y nombrándola capital de su reino. ¿No crees que este rey guarda una cierta similitud con Alguien? El problema es que era un hombre y no

Dios, así que, para variar, utilizando un lenguaje más coloquial, diremos que la lio un poco[2]:

> *En la época en que los reyes suelen ir a la guerra, David envió a Joab con sus servidores y todo Israel. Masacraron a los amonitas y sitiaron Rabá, mientras David se quedó en Jerusalén. Una tarde David se levantó de la cama y se puso a pasear por la terraza del palacio. Desde allí divisó a una mujer que se estaba bañando, de aspecto muy hermoso. David mandó averiguar quién era aquella mujer. Y le informaron: «Es Betsabé, hija de Elián, esposa de Urías, el hitita». David envió mensajeros para que la trajeran. Llegó a su presencia y se acostó con ella, que estaba purificándose de sus reglas. Ella volvió a su casa. Quedó encinta y mandó este aviso a David: «Estoy encinta».*

¡Toma ya! Casi nada. Si no conoces la historia, te preguntarás: ¿qué hizo entonces el Rey? Muy sencillo: en la siguiente guerra puso a Urías en primera línea del frente de batalla para que muriera, cosa que sucedió. Y, así, pudo casarse con Betsabé. Pero Dios no se quedó de brazos cruzados y le envió al profeta Natán para abrirle los ojos del alma. Es cuando David, que en el fondo de su corazón era honesto, reconoció su culpa y su pecado. A diferencia de Adán, que quiso exculparse e inculpar a Eva, el rey da la

---

[2] *2 S* 11, 1-5.

cara ante Dios, reconoce inmediatamente su aterrador pecado, se lanza a hacer penitencia y asumirá como justas las consecuencias de su acto terrible. Así, cuando el niño concebido fallece, no se encara con Dios y sigue para adelante, siendo consciente de que toda represión sería justa. David nos enseña que debemos tomar conciencia de lo que significa el mal que hacemos, que no hay que huir de él, antes bien reconocerlo –y, añadimos, comprenderlo– para poder subsanarlo.

Pero ¿cómo pudo ser capaz de semejante humildad? ¡Porque había experimentado que Dios nos ha amado primero, como dice Juan en la primera de sus cartas! Justo antes de este homicidio, David, siendo consciente de cuánto Dios había amado a Israel y a él mismo, quiso regalarle una casa firme en la que el Señor pudiera habitar junto a su pueblo, superando así la movilidad del Arca de la Alianza y solidificando la presencia del pueblo elegido en Jerusalén. Ante semejante generosidad, Dios, que en cuanto le damos un poco nos regala un todo, parece preso de la emoción y pronuncia unas palabras preciosas en las que establece una nueva alianza con su pueblo:

Yo te tomé del pastizal, de andar tras el rebaño, para que fueras jefe de mi pueblo Israel. He estado a tu lado por donde quiera que has ido, he suprimido a todos tus enemigos ante ti y te he hecho tan famoso como los grandes de la tierra. Dispondré un lugar para mi pueblo Israel y lo plantaré para que resida en él sin que lo inquieten, ni le hagan más daño los malvados, como antaño, cuando nombraba jueces sobre mi pueblo Israel. A ti te he dado reposo de todos tus enemigos. Pues bien, el Señor te anuncia que te va a edificar una casa. En efecto, cuando se cumplan tus días y reposes con tus padres, yo suscitaré descendencia tuya después de ti. Al que salga de tus entrañas le afirmaré su reino. Será él quien construya una casa a mi nombre y yo consolidaré el trono de su realeza para siempre. Yo seré para él un padre y él será para mí un hijo. Si obra mal, yo lo castigaré con vara y con golpes de hombres. Pero no apartaré de él mi benevolencia, como la aparté de Saúl, al que alejé de mi presencia. Tu casa y tu reino se mantendrán siempre firmes ante mí, tu trono durará para siempre (2 S 7, 8-17).

Cuando uno experimenta esta fidelidad de Dios, aunque es obvio que siempre podemos volver a caer y que, de hecho, el camino más corto hacia el pecado es la presunción de que no vamos a cometer un determinado pecado, todo cambia, incluso cuando la falta es tan grave como la de David. Uno se arrepiente por amor y no tanto por miedo, si bien tampoco podemos despreciar el miedo al castigo, que, aunque sea un nivel muy bajo en el amor, al menos reconoce la autoridad de quien puede infligir una pena. En el caso de Dios, esperar una posible corrección suya implica saber que Él está ahí, que no es poco.

En casos así debemos tomar conciencia de cuán importante es el don de la fe para nosotros. Muchas veces no lo terminamos de valorar o, sencillamente, damos por descontado que Dios está ahí. No es lo que nos enseña el rey David: por culpa de no cumplir con su deber (está en palacio porque le da pereza marchar a la guerra), empieza a perder el tiempo y las pasiones le juegan una mala pasada. Como decía santo Tomás de Aquino, entre otros, estas le habían nublado la inteligencia y dejó de ser consciente de la presencia divina, perdiendo de vista que nuestro Padre está ahí siempre, no para pillarnos, sino para cuidarnos. Antes, durante o después del pecado (como en este caso), Dios siempre corre a nuestro auxilio. Como decíamos hace unos capítulos, el movimiento descendente de Dios hacia nosotros llamado misericordia se hace patente. Es por eso por lo que el rey, tras tomar conciencia del amor de Dios, de lo patético de su pecado y de la increíble bondad y misericordia del Altísimo manifestada en la reprensión del profeta Natán, compuso uno de los salmos más bonitos y dramáticos de todo el salterio. Es el 51 (50), el cual te animo a que lo medites de vez en cuando, especialmente cuando hayas caído, y que reza así:

Misericordia, Dios mío, por tu bondad, | *por tu inmensa compasión borra mi culpa; lava del todo mi delito,* | *limpia mi pecado. Pues yo reconozco mi culpa,* | *tengo siempre presente mi pecado. Contra ti, contra ti solo pequé,* | *cometí la maldad en tu presencia.* | *En la sentencia tendrás razón,* | *en el juicio resultarás inocente. Mira, en la culpa nací,* | *pecador me concibió mi madre. Te gusta un corazón sincero,* | *y en mi interior me inculcas sabiduría. Rocíame con el hisopo: quedaré limpio;* | *lávame: quedaré más blanco que la nieve. Hazme oír el gozo y la alegría,* | *que se alegren los huesos quebrantados. Aparta de mi pecado tu vista,* | *borra en mí toda culpa. Oh, Dios, crea en mí un corazón puro,* | *renuévame por dentro con espíritu firme. No me arrojes lejos de tu rostro,* | *no me quites tu santo espíritu. Devuélveme la alegría de tu salvación,* | *afiánzame con espíritu generoso. Enseñaré a los malvados tus caminos,* | *los pecadores volverán a ti. Líbrame de la sangre, oh Dios,* | *Dios, Salvador mío,* | *y cantará mi lengua tu justicia. Señor, me abrirás los labios,* | *y mi boca proclamará tu alabanza. Los sacrificios no te satisfacen:* | *si te ofreciera un holocausto, no lo querrías. El sacrificio agradable a Dios* | *es un espíritu quebrantado;* | *un corazón quebrantado y humillado,* | *tú, oh Dios, tú no lo desprecias. Señor, por tu bondad, favorece a Sion,* | *reconstruye las murallas de Jerusalén: entonces aceptarás los sacrificios rituales,* | *ofrendas y holocaustos,* | *sobre tu altar se inmolarán novillos.*

Si lo pensamos un poco y somos lo suficientemente honestos, estaremos de acuerdo en que ciertas humillaciones de este estilo nos suelen venir muy bien. Lo hemos dicho antes, pero podemos reiterarlo: el Señor nos deja caer de vez en cuando para que tomemos conciencia de nuestra pequeñez. Y es bueno que sea así, porque, de otro modo, correríamos el riesgo de intentar construir una torre tan alta como el cielo. En este sentido, el corazón del converso se da cuenta de cuánta razón lleva uno de los sabios posteriores al rey David, Qohelet (hay quien dice que es Salomón), al exclamar esa expresión que tanta fortuna ha hecho y que hasta los incrédulos conocen: *Vanidad de vanidades, todo es vanidad*[3].

Introducidos los sucesores de David, que consiguió una unidad y una paz en Israel nunca vistas antes, precisamente gracias a esa protección divina, miremos ahora al hijo de la promesa, Salomón[4], a quien el gran rey dejó un gran consejo antes de fallecer:

> *Yo emprendo el camino de todos. Ten valor y sé hombre. Guarda lo que el Señor tu Dios manda guardar siguiendo sus caminos, observando sus pre-*

---

[3] *Qo* 1, 2.

[4] Esta profecía, como tantas otras, se extenderá al futuro y la encontraremos plenamente realizada en Jesús, que toma de san José la descendencia davídica y es la confirmación de que Dios cumple sus promesas.

ceptos, órdenes, instrucciones y sentencias, como está escrito en la ley de Moisés, para que tengas éxito en todo lo que hagas y adondequiera que vayas. El Señor cumplirá así la promesa que hizo diciendo: «Si tus hijos vigilan sus pasos, caminando fielmente ante mí, con todo su corazón y toda su alma, no te faltará uno de los tuyos sobre el trono de Israel» (1 R 2, 2-4).

Salomón, hijo de Betsabé, por cierto, comienza su reinado de manera casi perfecta, ya que la herencia nacional y económica que le deja su padre es sobresaliente. Además, quizá aprendiendo en cabeza ajena, fue consciente de muy joven de que necesitaba la gracia de Dios para llevar a cabo su misión. Esto lo dejó plasmado en una oración que recoge el libro de la *Sabiduría* 9, 1-13 y que merece la pena meditar, porque debemos hacerla nuestra, cada uno en el ministerio que el Señor le haya encomendado:

Dios de los padres y Señor de la misericordia, que con tus palabras hiciste todas las cosas, y en tu sabiduría formaste al hombre, para que dominase sobre las criaturas que tú has hecho, y para regir el mundo con santidad y justicia, y para administrar justicia con rectitud de corazón.

Dame la sabiduría asistente de tu trono y no me excluyas del número de tus siervos, porque siervo tuyo soy, hijo de tu sierva, hombre débil y de pocos años, demasiado pequeño para conocer el juicio y las leyes. Pues, aunque uno sea perfecto entre los hijos de los hombres, sin la sabiduría, que procede de ti, será estimado en nada. Tú me elegiste como rey de tu pueblo y como juez de tus hijos e hijas. Me mandaste construir un templo en tu monte santo y un altar en la ciudad de tu morada, a imitación de la tienda santa que preparaste desde el principio.

Contigo está la sabiduría, conocedora de tus obras, que te asistió cuando hacías el mundo, y que sabe lo que es grato a tus ojos y lo que es recto según tus preceptos. Mándala de tus santos cielos, y de tu trono de gloria envíala, para que me asista en mis trabajos y venga yo a saber lo que te es grato. Porque ella conoce y entiende todas las cosas, y me guiará prudentemente en mis obras, y me guardará en su esplendor. Así aceptarás mis obras, juzgaré a tu pueblo con justicia y seré digno del trono de mi padre. Pues ¿qué hombre conocerá el designio de Dios?

El Señor le escuchó y su sabiduría fue mundialmente famosa, como tan bellamente queda expresado en la historia narrada en *1 Reyes* 3, 16-28 en la que dos madres se disputaban la maternidad de un niño. Ambas decidieron acudir a él para que fuera juez y Salomón decide partir al niño en dos, sabiendo que la verdadera madre preferiría la vida del niño a tenerlo a su lado. Dicho y hecho, la madre real renuncia a su hijo con tal de que viva y, en una decisión sabia, el rey le acaba entregando a su hijo. Asimismo, se le atribuye la autoría del libro de la Sabiduría y el de los Proverbios.

Pero, cuando lo tenía todo, el rey se durmió en los laureles y cayó donde no debía caer. Si recuerdas, unas páginas antes recogíamos ese pasaje del Deuteronomio en el que Dios revelaba a Moisés que les iba a dar un rey, pero que ese monarca no debía ser hombre de muchas mujeres. Pues bien, Salomón sucumbió al encanto femenino y se dio a la lujuria, esposando a más de mil mujeres –700 reinas y 300 concubinas–, según la propia Biblia (cfr. *1 R* 11, 3). El problema añadido fue que, con tal de contentar a algunas, cayó en la idolatría yendo en pos de Astarté, diosa de los sidonios, y de Milcón, abominación de los amonitas. Como se puede comprender, eso no agradó al único Dios verdadero.

Al final, la humanidad que desprende la Escritura es pasmosa, porque todos somos, en cierto sentido, como Salomón. El Señor nos ha dado de todo y, sin embargo, acabamos entregándonos al dinero, a la imagen en redes sociales, a la autoestima basada en trabajar como mulos, a los propios pecados de la carne y a tantas y tantas cosas. Es muy fácil –y muy hipócrita– mirar a esta gente por encima del hombro, como si nosotros no fuéramos igual. Si Salomón hubiera recibido la gracia de comulgar, ¿se habría ahorrado tanto horror?

No lo sabemos y hacer Biblia-ficción no sirve de nada, pero sí debemos tomar conciencia de la suerte que tenemos al estar tan protegidos por Dios a través de su Iglesia. Por eso Jesús nos advirtió: «Bienaventurados vuestros ojos porque ven y vuestros oídos porque oyen. En verdad os digo que muchos profetas y justos desearon ver lo que veis y no lo vieron, y oír lo que oís y no lo oyeron»[5].

Si fuéramos más conscientes de la cercanía de Dios, nuestra vida cambiaría. Piensa: ¿puedes hablar cuando quieras con el rey? ¡Pues con Dios, sí! ¿Habita a tu lado el presidente del Gobierno? ¡Pues Dios dentro de ti, en tu alma en gracia! ¿Cualquier persona nos perdona incansablemente cuando le pedimos perdón? ¡Dios lo hace! Nunca te acostumbres de esta cercanía majestuosa del Señor, por favor.

Y una reflexión final, que nos viene muy bien en estos tiempos que corren de crispación social y política: las personas que tienen el poder mundano, los gobernantes, son objeto de especial predilección del demonio, pues es mucho el mal que pueden hacer. Por eso debemos rezar insistentemente por su conversión, aunque nos pueda parecer muy lejana o, directamente, imposible. Me atrevo a decir que es una obligación moral del ca-

---

[5] *Mt* 13, 16-17.

tólico –y del cristiano en general– orar mucho por nuestros gobernantes.

Pero la crispación no es solo política, sino que se puede extender, en según qué ambientes, al ámbito eclesial, afectando al buen nombre del Papa especialmente. ¿Por qué digo esto aquí y ahora? Porque creo que el rey David nos enseñó cómo debemos actuar en este caso. Antes de ser rey, cuando su predecesor, Saúl, quería asesinarle, se le presentó la ocasión de hacer lo propio y, en lugar de quitarle la vida, *David se levantó y cortó, sin ser visto, la orla del manto de Saúl. Después de ello, sintió pesar por haber cortado la orla del manto de Saúl. Y dijo a sus hombres: «El Señor me libre de obrar así contra mi amo, el ungido del Señor, alargando mi mano contra él; pues es el ungido del Señor». David disuadió a sus hombres con esas palabras y no les dejó alzarse contra Saúl* (1 S 24, 5-8). Y un par de capítulos más adelante, cuando se le presenta una segunda ocasión de acabar con el ungido (los reyes eran ungidos) que quería matarle, volvió a dejarle vivir, añadiendo: *¿Quién ha extendido su mano contra el ungido del Señor y ha quedado impune?* Y prosiguió: *Vive el Señor, que él le herirá, ya se acerque su día y muera, ya baje a la guerra y perezca. El Señor me libre de extender la mano contra su ungido* (1 S 26, 9-11).

No podemos estar matando a quien ha recibido la unción del Espíritu Santo para suceder a Pedro al frente de la Iglesia. Además, ¡es nuestro padre! Y ¿quién en su sano juicio critica a su pa-

dre en público? Esto no quiere decir que haya-
mos de caer en la papolatría, que consistiría en
creer que el Papa es como Dios y que todo lo
hace bien. No, claro que está permitida la crítica,
pero esta debe ser constructiva, muy discernida
en la oración y realizada por los cauces proceden-
tes, no siendo vocingleros de la desunión y, por
tanto, del diablo. Mucho más valientes y fieles
hijos de la Iglesia son quienes escriben al Santo
Padre o le reprenden en privado que quienes le
tratan como a un Dios o los que le matan públi-
camente. En cualquier caso, recemos constantemente por el Papa de turno, porque la responsabilidad que tiene es tremenda y la información
que maneja –con su correspondiente sufrimiento– siempre será superior a la de cualquier
crítico. ¡Creo que si fuéramos conscientes de todo
lo que le llega al Papa, moriríamos del susto!

6
LA ALIANZA CON LOS
PROFETAS DEL DESTIERRO[1]

A la muerte de Salomón aconteció lo que Dios no quería y la libertad de los hombres provocó. Lees bien: el Señor no quería la decadencia de su pueblo, pero Israel sí la quiso al buscarse su propia ruina. En cierto sentido volvió a suceder lo que en el Paraíso: cuando la cabeza se rompe, los hermanos se matan. Lo que ocurrió tras el fallecimiento del rey sabio no fue más que la partición en dos del reino que tanto había costado unificar. Por un lado, aparecerá el reino del Norte, llamado Israel, con capital en Samaria y gobernado por Jeroboam, hijo de Nabat y Zerúa y que había sido servidor de Salomón; por otro, el reino del Sur –Judá– con capital en Jerusalén y cuyo rey era el hijo del propio Salomón, Roboán.

---

[1] Aquí no vamos a tratar a los profetas, según el lugar de su predicación, puesto que no añade nada al objetivo de este libro. Dicha clasificación sería: Amós, Oseas, Elías y Eliseo (Israel); Joel, Miqueas, Isaías, Habacuc, Sofonías y Jeremías (Judá); Jonás y Nahúm (Nínive); Abdías (Edom); Daniel y Ezequiel (desde el destierro). Ageo, Zacarías y Malaquías son los profetas de la restauración.

La historia de los dos reinos divididos es un verdadero desastre en términos de fidelidad al Dios que les había escogido como pueblo de su propiedad. La increíble mayoría de los reyes de ambos reinos no siguieron los caminos del Señor y eso les iba minando internamente. Y así sucederá: que vendrán fuerzas extranjeras que les dominarán mientras Dios, como testigo, tiene que soportar cómo los hombres destrozan lo que tanto le había costado. Eso, en términos bíblicos, se dice que el Señor retiró su protección sobre ellos. Meditando en cómo les fue a Israel y a Judá, uno se da cuenta de muchas cosas, pero ahora insistiremos en dos: que Dios a veces nos deja caer para que aprendamos la lección igual que un padre permite que su hijo se caiga algunas veces al aprender a caminar o a montar en bicicleta; y que Dios, como no nos puede arrebatar la libertad, ya que nos robaría la capacidad de amar, tiene que ver cómo, al dejarle de mirar a Él, los hombres quedan confundidos y se empiezan a tirar los trastos los unos a los otros. Y es que, cuando una sociedad no tiene un Dios que esté por encima de todos y al que todos han de rendir cuentas, las tiranías a grande y pequeña escala se multiplican.

Pero el Altísimo, una vez más, no cambia de planes y sigue soñando con un Israel unificado y en sus brazos de Padre. Así que no se quedará de brazos cruzados. Tenemos aquí la historia de numerosos profetas que irán apareciendo para recordarles a ambos reinos que no están elegidos para perderse, sino para ser Pueblo de Dios.

Para comprender un poco esta parte de la Escritura, debemos tener en cuenta, una vez más, que los libros de la Biblia brotan de la experiencia que el pueblo hace de Dios pasado un tiempo de los hechos que narran. Estas obras son, además de historia, una especie de examen de conciencia y explicación creyente de por qué han acabado mal. Por eso no debemos leer las maldiciones que sobrevienen de parte de Dios como si Este fuera un tirano y los reyes o la plebe, sus marionetas, sino advirtiendo que, en esa época, se entendía que el destino del rey era el del pueblo, ya que toda la gente obedecía y servía al rey. Si los monarcas eran fieles a Dios, sus súbditos, cuando eran leales al rey (casi siempre), también lo eran con Dios; y viceversa.

Desde esta perspectiva comprendemos cómo es perfectamente normal, dado que Israel apenas tuvo un rey decente (Jehú, del tiempo del profeta Eliseo, que exterminó el culto a Baal, pero tampoco fue enteramente fiel a Dios), que acabaran invadidos por una potencia extranjera. Sin fortaleza interna y sin identidad clara, subsistir es muy complicado en cualquier orden de la vida. Por su parte, el reino de Judá tuvo mejores monarcas, entre los que podemos destacar a Josafat, Jotán, Ezequías (purificó y consagró el templo, además de intentar una cierta unificación espiritual con Israel), Manasés o Josías. Pero, claro, estamos ante las mismas, en un reino unificado por y para Dios, la cohesión, cuando uno es infiel al Señor, se termina por perder. Y así sucedió: Israel fue deportado a Asiria en los años 722-721 antes de Cristo y Judá fue exiliado a Babilonia en el año 587 a.C.

Lo hemos dicho de pasada, pero ahora toca mirar lo que hizo Dios durante este tiempo y que nos va a revelar, de nuevo, su corazón. Porque uno de los errores más comunes, a la hora de comprender la historia de amor de Dios con los hombres que se narra en la Biblia, es ponerse únicamente desde la perspectiva humana. Debemos intentar (aunque tenga parte de locura lo que digo) empatizar con Dios.

Como hemos visto hasta aquí, el Señor había ido advirtiendo generación tras generación que Él siempre velaba por su pueblo y que nunca le iba a dejar. Israel comprende cómo Dios les va proponiendo tomar tal o cual camino y que no hacerlo tendría sus consecuencias. Y así lo entendió el pueblo en numerosas ocasiones: su desgracia era consecuencia de su infidelidad a Dios, pero no porque Este sea un caprichoso, sino porque el único camino que permitía subsistir a un pueblo tan pequeño era la unidad que les proporcionaba el hecho de que todos miraran a Dios[2]. Por supuesto que el Señor les ayudaba a que cumplieran su voluntad, como sigue haciendo con nosotros hoy, pero, claro, si los hombres no queremos seguir sus caminos, Él lo tiene que respetar, aunque nos lleve al mal.

Dios se manifiesta en esta época con grandes profetas, si bien estos ya no son gente tan importante como lo habían sido Abrahán, Moisés o el mismo Samuel. A veces eran consejeros del rey, pero claramente no tenían demasiada ascendencia sobre monarcas y pueblo llano. Es más, algunos, quizá Jeremías sea el caso más paradigmático, fue perseguido por anunciar los oráculos del Señor, que eran incómodos, pues cantaban las cuarenta al pueblo e intentaban frenar el desastre que, finalmente, les sobrevino. Eso sí, como buen padre que siempre va a buscar a su hijo, aun cuando este se pierde y le da la espalda, Dios volverá a tocar a la puerta de los corazones de Israel en el destierro. Y, afortunadamente, volvieron arrepentidos y convencidos de que en ningún sitio estaban mejor que en la tierra que Dios les dio, en el Templo, lugar de la presencia divina, en

---

[2] Este es el fundamento de la comunión eclesial: todos miramos a Cristo y tomamos sus pensamientos, deseos y sentimientos como norma absoluta de nuestra vida. Así, somos un solo corazón, el de Jesús, y no una multitud incontable de egos. Por eso la verdadera comunión no es creada por el hombre, sino que brota de la acción de Dios en las personas que le responden, como María, su particular *fiat*.

su Jerusalén amada. Esto lo expresa bellísimamente el *salmo* 137 (136), 1-6:

> *Junto a los canales de Babilonia | nos senta-*
> *mos a llorar | con nostalgia de Sion; en los sauces*
> *de sus orillas | colgábamos nuestras cítaras. Allí*
> *los que nos deportaron | nos invitaban a cantar;*
> *| nuestros opresores, a divertirlos: | «Cantadnos*
> *un cantar de Sion». ¡Cómo cantar un cántico del*
> *Señor | en tierra extranjera! Si me olvido de ti,*
> *Jerusalén, | que se me paralice la mano derecha;*
> *que se me pegue la lengua al paladar | si no me*
> *acuerdo de ti, | si no pongo a Jerusalén | en la*
> *cumbre de mis alegrías.*

Si tienes el Nuevo Testamento en el corazón,
quizá esto que acabas de leer haya resonado en
ti como un eco de una de las parábolas más famosas del Evangelio: la del hijo pródigo[3]. ¡Y es
que es muy parecida y revela el mismo corazón
paternal de Dios! La historia es la de un padre
que da a su hijo lo mejor, que le muestra su
amor, pero, como es un caballero y respeta la libertad, le tiene que dejar marchar con tristeza.
El hijo es idólatra, rechaza los caminos de su padre y acaba en tierra extranjera perdiendo su
vida hasta que se da cuenta de que no hay lugar
como la propia casa. Y vuelve, siendo acogido

---

[3] *Lc* 15, 11-32.

amorosamente por su padre, que le restituye la dignidad perdida.

En la parábola, Jesús no narra conversaciones entre el hijo pródigo y el padre, pero resulta evidente que este último intentaría que el primero quedara en casa. Eso es lo que hizo Dios con su pueblo a través de los profetas, pero Israel no hizo caso, como decíamos antes y nos recuerda Jesús en *Lucas* 13, 34, evidenciando que el Dios del Antiguo Testamento es el mismo que el del Nuevo Testamento:

> *¡Jerusalén, Jerusalén, que matas a los profetas y apedreas a los que se te envían! Cuántas veces he querido reunir a tus hijos, como la gallina reúne a sus polluelos bajo las alas, y no habéis querido. Mirad, vuestra casa va a ser abandonada.*

Desde la perspectiva de Jesús, queda claro que aquellos oráculos del Señor a través de los profetas son una expresión clarísima del corazón de Dios, a quien no le es indiferente el destino de su pueblo elegido. Y, bueno, a poco que seamos humildes, hemos de reconocer que tampoco es que nosotros seamos muy diferentes a nuestros hermanos mayores en la fe, puesto que, a pesar de que no asesinamos profetas, sí silenciamos y matamos la voz de nuestra conciencia muchas veces; una conciencia que tiene exactamente el mismo objetivo que los oráculos de los profetas:

hacernos transitar por los caminos de Dios con perseverancia.

Los profetas del corazón de Dios

Vamos ahora a mencionar brevemente a algunos de los profetas que nos van a revelar ese corazón celoso de Dios, que advirtió hasta el hartazgo (para el lector) a Israel y a Judá de que no podían seguir por ese camino.

Uno de los más vehementes quizá sea Amós, que tiene denuncias a los altos cargos de ambos reinos, que habían caído en corruptelas varias. Dios alecciona a su pueblo y le exhorta a cambiar de vida. Incluso, leemos casi al final del libro unos mensajes muy duros, con visiones del castigo que podríamos adjetivar como apocalípticas... pero al final, y esto se va a repetir en muchísimos de estos libros proféticos, Dios hará una promesa de restauración, que le revela como ese Padre que advierte y advierte, mostrando siempre una salida gloriosa para su hijo. Y prometiéndole su protección.

En esta misma línea irá el profeta Oseas, que, aunque comienza duro con este mensaje al profeta[4]: *Ve, despósate con una mujer ligada a la prostitución y acepta los hijos de su prostitución, porque el país no hace sino prostituirse, apartándose del Señor,*

---

[4] *Os* 1, 2.

pronto se pondrá tierno, primero con la casa de Judá y más adelante con Israel, hasta el punto de que en el capítulo 11 se desborda su corazón. Merece la pena leerlo:

Cuando Israel era joven lo amé y de Egipto llamé a mi hijo. Cuanto más los llamaba, más se alejaban de mí: sacrificaban a los baales, ofrecían incienso a los ídolos. Pero era yo quien había criado a Efraín, tomándolo en mis brazos; y no reconocieron que yo los cuidaba. Con lazos humanos los atraje, con vínculos de amor. Fui para ellos como quien alza un niño hasta sus mejillas. Me incliné hacia él para darle de comer. Volverán a la tierra de Egipto, Asiria será su rey, ya que rehusaron convertirse. Se abatirá la espada sobre sus ciudades, aniquilará sus defensas, los devorará por culpa de sus decisiones. Mi pueblo está sujeto a su apostasía. También claman hacia lo alto pero el ídolo no puede salvarlos.

¿Cómo podría abandonarte, Efraín, entregarte, Israel? ¿Podría entregarte, como a Admá, tratarte como a Seboín? Mi corazón está perturbado, se conmueven mis entrañas. No actuaré en el ardor de mi cólera, no volveré a destruir a Efraín, porque yo soy Dios, y no hombre; santo en medio de vosotros, y no me dejo llevar por la ira.

Marcharán detrás del Señor: como un león rugirá. (Rugirá y temblará la gente de Occidente). Temblarán como un pájaro al regreso de Egipto, como una paloma, desde la tie-

rra de Asiria. Yo los haré habitar en sus casas —oráculo del Señor.

Por supuesto, el final del libro acaba con nuevas promesas a la fidelidad, y de esta época es el profeta Miqueas, cuya profecía (*Miq* 5, 1-4) te sonará seguro:

Y tú, Belén Efratá, pequeña entre los clanes de Judá, de ti voy a sacar al que ha de gobernar Israel; sus orígenes son de antaño, de tiempos inmemoriales. Por eso, los entregará hasta que dé a luz la que debe dar a luz, el resto de sus hermanos volverá junto con los hijos de Israel. Se mantendrá firme, pastoreará con la fuerza del Señor, con el dominio del nombre del Señor, su Dios; se instalarán, ya que el Señor se hará grande hasta el confín de la tierra. Él mismo será la paz.

En Judá nos encontramos al primero de los profetas mayores, Isaías, que es el más citado en los Evangelios con mucha diferencia, especialmente en la Pasión, pero, ya que estamos con la promesa del Mesías, recordemos que en este libro está uno de los oráculos mesiánicos más famosos, junto al que ya vimos al hablar de la vida del rey David:

Isaías 7, 14: Pues el Señor, por su cuenta, os dará un signo. Mirad: la virgen está encinta y da a luz un hijo, y le pondrá por nombre Enmanuel.

Ni en los momentos de mayor infidelidad, Dios deja su pueblo y reitera su alianza. De hecho, aun sabiendo que del libro de Isaías se podrían decir otras mil cosas, lo más interesante para profundizar en la continuidad radical existente entre el Dios que se revela en ambos testamentos con un mismo corazón son los llamados cantos del siervo[5], que son profecías sobre lo que habría de soportar Jesús[6] con tal de redimirnos. Visto desde otra perspectiva: nos confirman que Dios, aun a sabiendas de lo que le iba a pasar al encarnarse, no dudó en mantener su plan con tal de hacernos volver a Él. Es una de las cosas más preciosas de la Escritura: cómo el Señor es siempre fiel a su pueblo y, en él, a todos nosotros. Su corazón ama sin fondo, sin reservas y hace todo lo que está en su mano para que estemos todos juntos en el Paraíso junto a Él.

Leamos dos cánticos, sabiendo que Jesús, al comenzar su vida pública, conocía estas profecías, y poniéndonos en su piel. Afortunadamente para nosotros, a pesar de ello no se arredró y siguió adelante en su misión por amor:

---

[5] *Is* 42, 1-9; 49, 1-6; 50, 4-11; 52, 13-53, 12.

[6] Los evangelistas, pero sobre todo los sinópticos, claramente se dan cuenta de que en Jesús se cumplen estas profecías y por eso, en cierta medida, pareciera que narran la Pasión tomando como planilla estos pasajes. Lo mismo sucede con el capítulo segundo del libro de la Sabiduría.

Isaías 50, 4-9: *El Señor Dios me ha dado una lengua de discípulo; para saber decir al abatido una palabra de aliento. Cada mañana me espabila el oído, para que escuche como los discípulos. El Señor Dios me abrió el oído; yo no resistí ni me eché atrás. Ofrecí la espalda a los que me golpeaban, las mejillas a los que mesaban mi barba; no escondí el rostro ante ultrajes y salivazos. El Señor Dios me ayuda, por eso no sentía los ultrajes; por eso endurecí el rostro como pedernal, sabiendo que no quedaría defraudado. Mi defensor está cerca, ¿quién pleiteará contra mí? Comparezcamos juntos, ¿quién me acusará? Que se acerque. Mirad, el Señor Dios me ayuda, ¿quién me condenará?*

Isaías 52, 13-53, 12: *Mirad, mi siervo tendrá éxito, subirá y crecerá mucho. Como muchos se espantaron de él porque desfigurado no parecía hombre, ni tenía aspecto humano, así asombrará a muchos pueblos, ante él los reyes cerrarán la boca, al ver algo inenarrable y comprender algo inaudito.*

¿Quién creyó nuestro anuncio?; ¿a quién se reveló el brazo del Señor? Creció en su presencia como brote, como raíz en tierra árida, sin figura, sin belleza. Lo vimos sin aspecto atrayente, despreciado y evitado de los hombres, como un hombre de dolores, acostumbrado a sufrimientos, ante el cual se ocultaban los rostros, despreciado y desestimado. Él soportó nuestros sufrimientos y aguantó nuestros dolores; nosotros lo estimamos leproso, herido de Dios y humillado; pero él fue traspasado por nuestras rebeliones, triturado por nuestros crímenes. Nuestro

castigo saludable cayó sobre él, sus cicatrices nos curaron. Todos errábamos como ovejas, cada uno siguiendo su camino; y el Señor cargó sobre él todos nuestros crímenes. Maltratado, voluntariamente se humillaba y no abría la boca: como cordero llevado al matadero, como oveja ante el esquilador, enmudecía y no abría la boca. Sin defensa, sin justicia, se lo llevaron, ¿quién se preocupará de su estirpe? Lo arrancaron de la tierra de los vivos, por los pecados de mi pueblo lo hirieron. Le dieron sepultura con los malvados y una tumba con los malhechores, aunque no había cometido crímenes ni hubo engaño en su boca. El Señor quiso triturarlo con el sufrimiento, y entregar su vida como expiación: verá su descendencia, prolongará sus años, lo que el Señor quiere prosperará por su mano. Por los trabajos de su alma verá la luz, el justo se saciará de conocimiento. Mi siervo justificará a muchos, porque cargó con los crímenes de ellos. Le daré una multitud como parte, y tendrá como despojo una muchedumbre. Porque expuso su vida a la muerte y fue contado entre los pecadores, él tomó el pecado de muchos e intercedió por los pecadores.

Saber que estos textos fueron escritos varios siglos antes de los padecimientos del Señor es, verdaderamente, tremendo. Pero hay más, al final del libro, en el capítulo 55, Dios, tras reconocer lo que habría de padecer, reitera explícitamente la alianza que ya había sellado con David y que, a su vez, venía de antaño, pero que ahora se vuelve a abrir a los otros pueblos, como en tiempos de Noé y de Abrahán:

> *Isaías 55, 3-5: Inclinad vuestro oído, venid a mí: escuchadme y viviréis. Sellaré con vosotros una alianza perpetua, las misericordias firmes hechas a David: lo hice mi testigo para los pueblos, guía y soberano de naciones. Tú llamarás a un pueblo desconocido, un pueblo que no te conocía correrá hacia ti; porque el Señor tu Dios, el Santo de Israel te glorifica.*

Para finalizar con la imagen de Dios que se nos revela en Isaías[7], meditemos estas palabras del Señor a su amada Jerusalén, que son actualizadas en la Iglesia y, en ella, también son dirigidas a cada uno de nosotros:

> *¿Puede una madre olvidar al niño que amamanta, no tener compasión del hijo de sus entrañas? Pues, aunque ella se olvidara, yo no te olvidaré. Mira, te llevo tatuada en mis palmas, tus muros están siempre ante mí.*

A pesar de este tierno amor, no hubo manera: con Israel ya dominada por fuerzas extranjeras, símbolo del pecado (por tanto, presos de sus propios pecados y sin ser capaces de salir de ahí), Judá, aunque, como hemos dicho, se portó algo mejor, acabó cayendo, en este caso en manos de

---

[7] *Is* 49, 15-16.

Babilonia. Pero Dios tampoco se cruzó de brazos y envió nuevos oráculos, en este caso a través del profeta Jeremías, uno de los hombres más desgraciados en el sentido humano de la palabra y autor de las famosas Lamentaciones. Y digo en el sentido humano, porque Jeremías fue un privilegiado de Dios, que ya le eligió antes de existir, como dice el Señor en *Jr* 1, 5: *Antes de formarte en el vientre, te elegí; antes de que salieras del seno materno, te consagré: te constituí profeta de las naciones.*

Pero tampoco leamos esto muy al margen de nuestra vida, porque san Pablo nos dice claramente que nosotros también fuimos elegidos para ser santos y vivir en el amor de Dios desde ante de la fundación del mundo[8]. ¡Ojalá comprendiéramos en estos textos que el Señor no quiere otra cosa que estar junto a nosotros en el amor por siempre! Y que todo lo hace, como ya dijimos al hablar del Espíritu Santo, con este fin. De hecho, Jeremías es un claro ejemplo de cómo la unción divina no significa, ni de lejos, una vida fácil y sin sufrimientos. Es más, muchas veces estos parecen el único cauce para que nos caigamos del pedestal de la soberbia, abramos el corazón y, de este modo, seamos utilizados por Dios para fortalecernos en la virtud y en el amor para que estemos preparados en el mo-

---

[8] Cfr. *Ef* 1, 4.

mento de la prueba[9]. Al fin y al cabo, todos, absolutamente todos, como el niño Jesús, necesitamos ir creciendo en sabiduría y gracia ante Dios y ante los hombres[10].

A lo largo del ministerio profético de Jeremías se suceden los oráculos del Señor con los que se nos advierte, con palabras duras muchas veces, de lo que va a pasar. Pero hay momentos en los que, por decirlo de alguna manera, Yahveh parece estar desesperado[11]:

> *Palabra que el Señor dirigió a Jeremías: Escucha los términos de esta alianza y transmíteselos a la gente de Judá y a los habitantes de Jerusalén. Les dirás: «Esto dice el Señor, Dios de Israel: Maldito quien no haga caso de los términos de esta alianza, que impuse a vuestros antepasados cuando los saqué de Egipto, del horno de hierro, cuando les dije: "Hacedme caso y obrad conforme a lo que os mande. Así seréis mi pueblo y yo seré vuestro Dios, y de ese modo mantendré el juramento que hice a vuestros antepasados de darles una tierra que mana leche y miel", como sucede ahora».*

¡Otra vez resuena ese lamento de Jesús que leímos hace muy pocas páginas! *¡Jerusalén, Jerusalén!, que matas a los profetas y apedreas a*

---

[9] Cfr. *St* 1, 12; *1 Co* 11, 30-32.
[10] Cfr. *Lc* 2, 52.
[11] *Jr* 11, 1-5.

quienes te han sido enviados, cuántas veces intenté reunir a tus hijos, como la gallina reúne a los polluelos bajo sus alas, y no habéis querido[12].

Seguimos con Jeremías 11:

> *Me dijo el Señor: «Anuncia en los poblados de Judá y en las calles de Jerusalén lo que te digo: "Escuchad los términos de esta alianza y cumplidlos. Ya les advertí a vuestros antepasados, cuando los hice subir de Egipto, que me hicieran caso, y hasta ahora no he dejado de repetirlo. Pero ellos no escucharon ni prestaron atención. Al contrario, cada cual persistió en la maldad de su mente retorcida. Por eso, les apliqué las amenazas previstas en dicha alianza que les mandé cumplir y no cumplieron"». Me dijo el Señor: «Se ha descubierto una conjura entre la gente de Judá y los habitantes de Jerusalén. Han recaído en los pecados de sus antepasados, que se negaron a obedecer mis mandatos: andan detrás de dioses extranjeros y les dan culto. La casa de Israel y la casa de Judá han roto la alianza que pacté con sus antepasados. Por eso, esto dice el Señor: Voy a enviarles una calamidad de la que no podrán escapar. Seguro que se quejarán, pero no pienso escucharlos. La gente de los poblados de Judá y los habitantes de Jerusalén acudirán a quejarse a los dioses a quienes quemaban incienso, pero no podrán salvarlos cuando llegue el desastre».*

---

[12] Mt 23, 37.

Y ahora retomamos las palabras de Jesús en *Mateo* 23, 38-39:

> *Pues bien, vuestra casa va a quedar desierta.*
> *Os digo que a partir de ahora no me veréis hasta*
> *que digáis: ¡Bendito el que viene en nombre del Se-*
> *ñor!*

¡Una vez es exactamente lo mismo! Porque Dios no cambia, afortunadamente para nosotros, y nos tiene que castigar para que aprendamos, como hace cualquier padre cuando su hijo repite obstinadamente sus errores[13]. Y ¿por qué Dios castiga? Nos lo dice la Escritura varias veces, como ya sabemos: porque nos ama y sabe que debemos madurar en la caridad[14].

Cuando Dios nos deja caer en las consecuencias justas de nuestras faltas, evidentemente, no lo hace porque sea un caprichoso. Es más, Dios siempre ofrece una salida a su represión. Y en el libro de Jeremías esto se hace, una vez más, manifiesto. El profeta revela que Dios va a ser fiel a las promesas hechas a los antepasados de Israel (cfr. *Jr* 30, 3) y, conforme va recordando el pasado, su corazón parece que se va como enterneciendo hasta llegar a frases verdaderamente entrañables. Pero no se olvida de lo mejor para su

---

[13] Cfr. *Dt* 8, 5.
[14] Cfr. *2 S* 7, 14; *Jb* 5, 17; *Sal* 94, 12-13; 119, 75; *Pr* 3, 12; *Hb* 12, 6; *Ap* 3, 19.

pueblo, que es el perdón. Y perdonar no es olvidar, sino dejar de mirar a la otra persona desde el mal que nos ha hecho, decidirse a combatir el rencor, no llevar cuentas del mal y volver a elegir a esa persona, a pesar de lo que nos haya hecho. Pero es diferente a hacer como si no hubiera pasado nada. De hecho, nunca podemos obviar que, si Jesús nos dijo que hemos de perdonar en todo momento y nosotros no somos capaces de olvidar a la carta, será porque el perdón y el olvido no son la misma cosa. Volviendo a Jeremías, pasado ya el ecuador del libro, tras el juicio contra Judá y Jerusalén, tras hablar de la copa de la cólera, el Señor ofrece el camino de salvación a su pueblo y se ofrece, en primera persona, a rescatar del destierro a los suyos:

> *Jr* 30, 10-11: *No temas, Jacob, siervo mío; no tengas miedo, Israel –oráculo del Señor–, pues llegaré de lejos a salvarte, traeré a tus hijos del destierro. Jacob volverá y descansará, tranquilo, sin nadie que lo inquiete, pues estoy contigo para salvarte –oráculo del Señor–. Acabaré con todas las naciones adonde te había dispersado, pero no acabaré contigo. Voy a corregirte con medida, ya que no pienso dejarte impune.*

Sobre esta base, Dios promete la restauración de Judá y de Israel y lo hace en base a una nueva alianza que, como siempre, va asociada a la tierra y a la vuelta a Jerusalén:

Jr 31, 31-33: *Ya llegan días –oráculo del Señor– en que haré con la casa de Israel y la casa de Judá una alianza nueva. No será una alianza como la que hice con sus padres, cuando los tomé de la mano para sacarlos de Egipto, pues quebrantaron mi alianza, aunque yo era su Señor –oráculo del Señor–. Esta será la alianza que haré con ellos después de aquellos días –oráculo del Señor–: Pondré mi ley en su interior y la escribiré en sus corazones; yo seré su Dios y ellos serán mi pueblo.*

La promesa es, en cierto sentido, enigmática, pero entendida desde el adviento mesiánico todo tiene sentido: una nueva alianza y una nueva señal, pero esta vez ya no en la propia carne o externa (circuncisión), sino en el corazón (la inhabitación del Espíritu de Dios mismo en nuestra alma a través del Bautismo y la vida en gracia). De todas maneras, todo hay que decirlo, poco después de esta promesa tan bella, cayó Jerusalén y el profeta marchó a Egipto. Pero, tranquilidad, que el Espíritu Santo, con su santa inspiración profética, quiso que el autor del libro acabara con nuevas promesas y la restauración de la dignidad del rey Jeconías de Judá en Babilonia.

Y ¿qué pasó con Judá en el destierro? Pues que Dios se preocupó de dejar claro que quería un resto que pudiera volver a la pureza de la fe. Así, por ejemplo, leemos en *Sofonías* 3, 11-20:

Aquel día, ya no te avergonzarás de las acciones con que me ofendiste, pues te arrancaré tu orgullosa arrogancia, y dejarás de engreírte en mi santa montaña. Dejaré en ti un resto, un pueblo humilde y pobre que buscará refugio en el nombre del Señor. El resto de Israel no hará más el mal, no mentirá ni habrá engaño en su boca. Pastarán y descansarán, y no habrá quien los inquiete. Alégrate, hija de Sion, grita de gozo Israel, regocíjate y disfruta con todo tu ser, hija de Jerusalén. El Señor ha revocado tu sentencia, ha expulsado a tu enemigo. El rey de Israel, el Señor, está en medio de ti, no temas mal alguno. Aquel día se dirá a Jerusalén: «¡No temas! ¡Sion, no desfallezcas!». El Señor tu Dios está en medio de ti, valiente y salvador; se alegra y goza contigo, te renueva con su amor; exulta y se alegra contigo como en día de fiesta. Acabé con tu mal, con el peso de tu oprobio. En aquel tiempo me ocuparé de todos tus opresores; salvaré a los tullidos, reuniré a los dispersos, les daré alabanza y renombre a cambio de la vergüenza que pasaron. Cuando os haga volver, cuando os reúna, os daré renombre y alabanza entre todas las naciones de la tierra, cuando cambie vuestro destino, ante vuestros ojos, dice el Señor.

Fíjate que dice un resto y no un residuo. Esto, aunque pueda parecer una tontería, es importante, pues un pueblo con resto es el que conserva el vigor y la capacidad para continuar con una actividad o emprender una nueva[15]. Y en Israel se tienen que conjugar ambas cosas: proseguir la historia de la alianza con Abrahán, Moisés, David, etc., y orientarse a la nueva alianza ya prometida y que estaba por llegar: Jesús. Por su parte, un residuo sería aquello que sigue siendo lo mismo que era, es la ruina en pie de lo que se fue. Y, en este caso, está claro que todos han sido purificados y llamados a plenificar la identidad recibida de Dios.

Esta llamada a la plenitud que la Escritura comienza a realizar de manera evidente se revela en el libro de Joel, que nos introduce en el día del Señor y acaba con una frase lapidaria: *El Señor vive en Sion*. Como dejando claro que quien quiera vivir de su amor deberá mirar a Sion, que en su sentido pleno es la Iglesia, la nueva Jerusalén, que ya no es un lugar físico, sino la unión de todos esos corazones que son habitados por el Espíritu Santo, tal y como nos prometió el Señor a través de Jeremías. Pero, retomando un poco la profecía del día del Señor, mensaje ya en tono apocalíptico, tenemos después el libro de Daniel, escrito quizá en el siglo II a.C. pero ambientado en los tiempos del destierro de Babilonia y que sería como el Apocalipsis del Antiguo Testamento.

---

[15] Esta definición de tener resto se puede encontrar en el diccionario de la RAE.

Pero todavía nos queda otra gran promesa que nos revela el corazón persistente de Dios: es la de Ezequiel. Primero, nos daremos cuenta de que estamos ante un poco más de lo mismo:

> *Ezequiel 16, 59-63: Esto dice el Señor Dios: «Actuaré contigo conforme a tus acciones, pues menospreciaste el juramento y quebrantaste la alianza. Con todo, yo me acordaré de mi alianza contigo en los días de tu juventud, y estableceré contigo una alianza eterna. Te acordarás de tu conducta y te avergonzarás al acoger a tus hermanas mayores y a las menores, pues yo te las daré como hijas, pero no en virtud de tu alianza. Yo estableceré mi alianza contigo y reconocerás que yo soy el Señor, para que te acuerdes y te avergüences y no te atrevas nunca más a abrir la boca por tu oprobio, cuando yo te perdone todo lo que hiciste –oráculo del Señor Dios».*

Pero ahora, un poco más adelante, leemos una promesa maravillosa en la que nos topamos de frente con el corazón de Dios, que se va a hacer corazón nuevo, corazón encarnado, corazón de Jesús que se va a entregar por nosotros, precisamente, para darnos su mismo corazón y hacernos semejantes a Él por medio del Espíritu Santo que se nos va a entregar:

> *Ezequiel 36, 24-28: Os recogeré de entre las naciones, os reuniré de todos los países y os llevaré a vuestra tierra. Derramaré sobre vosotros un agua pura que os purificará: de todas vuestras inmun-*

dicias e idolatrías os he de purificar; y os daré un corazón nuevo, y os infundiré un espíritu nuevo; arrancaré de vuestra carne el corazón de piedra, y os daré un corazón de carne. Os infundiré mi espíritu, y haré que caminéis según mis preceptos, y que guardéis y cumpláis mis mandatos. Y habitaréis en la tierra que di a vuestros padres. Vosotros seréis mi pueblo, y yo seré vuestro Dios.

7
LA VUELTA A ISRAEL: DIOS RESTAURA EL PARAÍSO PARA EL NUEVO ADÁN

Si te acuerdas, planteábamos la historia de la creación con una analogía con los padres que, antes de tener a su bebé, preparan todo para que, cuando llegue, pueda ser en plenitud un hijo y desarrollarse conforme a su dignidad. Pues lo que sucedió tras el destierro fue exactamente eso: el pueblo, tras la purificación sufrida, retornó a la tierra en unidad, gracias a una de esas «casualidades» históricas. Fue el rey Ciro de Persia, que más pagano no podía ser, el que permitió a los israelitas volver a su tierra. Y, con este retorno, llegó la reconstrucción del Templo y del orden religioso-social, primero, de la mano de Josué y Zorobabel y, más adelante, de Esdras y Nehemías. Asimismo, de esta época puede ser la redacción final del Pentateuco y la redacción final de Proverbios.

Entramos en los siglos en que dos grandes civilizaciones dominaron el arco mediterráneo y prepararon también el notabilísimo acervo cultural en el cual llegó Cristo al mundo: Grecia (siglo de oro) y Roma (se instauró la república en torno al 509 a.C.). Y es que Israel no fue ajeno a ambas dominaciones. Tras vivir bajo la influencia persa (539-333 a.C.), llegaría la época helenística, con Alejandro Magno como máximo exponente. Aquí situamos la historia de los Macabeos, que lucharon contra la dominación extranjera y se rebelaron, especialmente, contra la profanación del Templo de Jerusalén por parte del rey Antíoco IV, que llegó a prohibir la práctica del judaísmo.

Precisamente en tiempo de los Macabeos surge la fiesta de Hanuká: cuando Judas y los suyos recuperaron Jerusalén, entraron en el Templo (recuerda, lugar de la presencia del Altísimo) y lo reacondicionaron, erigiendo y consagrando un nuevo altar el día 25 del mes de Kislev del año judío 3622, que para nosotros es el 138 antes de Cristo.

La presencia divina, como hacemos nosotros con la velita o lamparita junto al sagrario, era revelada por la menorá, un candelabro, que prendía gracias al correspondiente aceite. Tras comprobar que el original había sido robado por los sirios, los Macabeos hicieron uno nuevo, encontrándose, al ir a encenderlo, con otro problema: no tenían suficiente aceite más que para un día. Sin embargo, el Señor hizo un milagro y ese aceite duró ocho días, el tiempo necesario para que se pudiera conseguir más. El mensaje para el judío es claro: Dios protegía de nuevo a su pueblo y volvía a estar con él. Pero la simbología numérica nos revela algo importante para los cristianos: al octavo día acabará la espera. Es decir, que al octavo día llegaría el Señor, por fin, y él sería la luz que no se apaga, por lo que no tendremos que temer que se nos acabe el aceite[1].

En cualquier caso, a pesar de las luchas de la dinastía Macabea y sacudirse del dominio heleno, Israel acabó bajo la dominación romana, en la cual nació Jesús.

Hemos pasado muy rápido sobre este periodo. En cualquier caso, autores como Joseph Ratzinger han sostenido que el encuentro entre la fe bíblica, la filosofía griega y la cultura romana no fue ajeno a la Providencia divina en su plan salvífico. Asimismo, no podemos ver mera casualidad en la reforma del Templo por parte de Herodes, que lo reformó y engalanó como nunca antes, apenas a unas décadas del nacimiento del Señor. El Templo que pisó Jesús, la puerta del Mesías que traspasó, nunca había lucido tanto anteriormente. Vayamos ya, por tanto, al Señor. Pero hasta Él no se va de cualquier manera, sino que a Jesús se va por María y su inmaculado corazón maternal.

---

[1] El octavo día es el domingo de la segunda semana, es decir, el día de la resurrección de Cristo, que supera al séptimo (Shabat) y establece el eterno descanso en Dios.

Como hemos visto, Jesús no es un meteorito que cae del Cielo, sino que es la respuesta a una alianza que Dios selló con la humanidad. Dios nos creó pensando en llevarnos a la plenitud, a una vida junto a Él, y el rechazo de los hombres no detuvo sus planes. Nos fue llamando a través de los profetas y, finalmente, vino a mostrarnos su corazón en primera persona. Jesús, por decirlo de algún modo, es el hombre que Dios soñó que fuéramos nosotros, el Adán en plenitud.

Pero, para encarnarse como nuevo Adán, el Señor necesitaba otro Paraíso donde habitar. Ese es el vientre de María, el vientre de una persona en estado de Paraíso, es decir, de unión con Dios no mediada por el pecado. María es un Paraíso humano y el sueño de una madre que tuvo Dios. No es Dios hecho carne, eso es Jesús, pero sí es esa persona humana sin pecado con la que Dios sueña de todos nosotros.

La Virgen es la demostración de la simplicidad de Dios y un «sí» incondicional a su amor. La de María es una historia de amor fiel y generoso; una historia de humildad y de inocencia. Por eso son tan preciosos los dogmas que la Iglesia venera en ella, como el de la Inmaculada Concepción o el de su virginidad, que nos recuerdan que, para ser el sueño de Dios, hemos de vencer al pecado, recuperar la inocencia y la simplicidad del niño que le dice sí a su padre, Dios, sin más vueltas. Aunque no entienda, María nos indica que es más importante creer que comprender, porque solo creyendo podemos comprender bien.

Fijémonos, por ejemplo, a quiénes se ha ido apareciendo la Virgen a lo largo de los siglos (hablo de las apariciones aprobadas, en las otras no me meto, aunque a veces se siga el mismo patrón): generalmente, a niños. Y niños humildes, sensibles a la obediencia a Dios. Porque ser como niños no es tanto ser inocentes, sino confiar plenamente en sus padres, saber que en la mera presencia de ellos todo marcha perfectamente. No es casualidad, por ejemplo, que a la persona a la que María pudo decirle que era la Inmaculada fue una niña simple, sencilla y con corazón virginal: Bernadette Soubirous. Verdaderamente, hemos de reconocer que solo un corazón así estaba capacitado para acoger al mayor de los tesoros, Jesús, y fiarse ante la incomprensión que generó el hecho de que el Mesías viniera al mundo en medio de la pobreza y tan lejos de los focos humanos.

Qué contraste contemplar a María, a Bernadette o a los niños de Fátima y a nuestras complicaciones interiores. El pecado nos lleva permanentemente a las excusas, al activismo, al fijarse en los demás... y haciendo todo eso nos olvidamos de que Dios es un padre que solo quiere un simple, pobre y humilde «sí» a su amor. Dios suspira por nuestro amor y espera ser amado. ¡Y cuánto desea ser amado! Y por eso, porque la Virgen ama a Jesús por encima de todas las cosas con un «sí» inquebrantable, se aparece y nos ayuda a que Jesús sea amado. Toda la existencia de María consiste en luchar por que los hombres amemos a Dios.

Debemos mirar a María e imitarle en ese «sí» centrado en Dios y que obvia al mal y al demonio. Qué contraste entre María, que no dialoga con él, y Eva, que se complicó tanto la vida. Su ejemplo nos enseña que con el demonio no se negocia. Más bien nos llama a convertir cada tentación en una ocasión de reiterar nuestro sí a Dios. Eva también fue concebida sin pecado, como María, pero negoció con el Satán y eso fue su perdición.

Y el «sí» cotidiano a Dios es lo que permitirá que María sea llenada del Espíritu Santo. Pero fijémonos en que estar llenos del Espíritu no equivaldrá a no tener problemas, sino a afrontarlos desde Dios y ver las cosas como Él las ve. María es un ejemplo de cómo nos asiste el Espíritu y nos llama a afrontar la Cruz, no a huir de ella. Ella dijo *fiat*, aun a riesgo de ser repudiada, gracias a esa confianza que el Espíritu infundió en su alma desde pequeñita. Y de san José diríamos cosas muy parecidas. En este sentido, repasando la vida de la Sagrada Familia, encontramos cómo las tentaciones y los problemas mayores se superan si entramos en un clima de oración, presencia de Dios y aceptamos el sacrificio como parte *sine qua non* del camino de santificación. Lo dijo Jesús y la Virgen lo ha repetido en varias apariciones: necesitamos la oración, con la que ordenamos el corazón desde Él, y el sacrificio, que es la oración del cuerpo y nos ayuda a dominar las pasiones. Tengamos claro que al demonio solo se le vence con esas armas, que nos permiten ir corriendo a los brazos de nuestro padre, Dios. Pero vayamos por orden a contemplar el corazón humano inmaculado de María, pues ella fue madre de la humanidad de Jesús y, como madre, fue responsable de la educación humana del Señor. Por tanto, es fundamental para comprender y contemplar el Sagrado Corazón de Jesús.

María fue una persona de fe, alguien que la tradición ha enmarcado dentro del grupo de quienes esperaban al mesías religioso, a diferencia de aquellos que esperaban un mesías al estilo de un libertador político o de un nuevo rey que se impondría a los romanos e instauraría el reinado prometido en las profecías.

Es evidente que María tuvo una sobresaliente familiaridad con Dios e incluso, dicen las tradiciones, que ya estaba consagrada al Dios de Israel desde bien niña. Era una doncella simple, de un pueblo llamado Nazaret, que es absolutamente irrelevante para la historia del viejo Israel (de hecho, ni siquiera es mencionada en todo el Antiguo Testamento)[2] y, evidentemente, muy devota. Sus padres, según una antigua tradición apócrifa, son los santos Joaquín y Ana.

Todo esto y lo que vendrá, evidentemente, no se sostiene sin una vida de oración intensa, esa oración que es intimidad con Dios y nos lleva a ser un solo corazón con Él. Esa es la existencia de María, cuyo fundamento era su unión con el Altísimo. Esto sirva como premisa para todo lo demás, pues su vida, como no puede ser de otra manera, es reflejo de lo que con Dios trataba, y la educación que dio al Señor estuvo fundada en la Ley, las profecías, salmos, etc. ¡Ella conocería la Escritura al dedillo!

Lo primero que nos llama la atención es que estamos ante una mujer que, gracias a su renuncia a ser madre humana para dedicarse a las cosas de Dios y ser verdadera «esclava del Señor», llega a ser la madre del mismo Dios. Por eso Jesús dirá: *Estos son mi madre y mis hermanos. El que haga la voluntad de mi Padre que está en los cielos, ese es mi hermano y mi hermana y mi madre*[3]. Es el premio que tiene toda persona que se entrega con sinceridad al Señor: la experiencia de que Él está vivo, nos hace de su familia y está pendiente de todos y cada uno de nosotros. Ese ejemplo de radicali-

---

[2] Para conocer algo más sobre Nazaret en tiempos de Jesús: https://www.consuladodeisrael.com/2020/07/28/que-sabemos-sobre-nazaret-en-la-epoca-de-jesus-una-arqueologa-explica/

[3] *Mt* 12, 49-50.

dad en el amor a Dios con esa búsqueda del cumplimiento del gran mandato del amor a Dios a Israel seguro que ayudó a la humanidad de Jesús a ese amar tan perfecto que Cristo tiene por su Padre, a quien amó con todo el corazón, con toda el alma y con todas sus fuerzas. ¿De quién aprendería Jesús, en primer lugar, los salmos, las profecías y las leyes divinas? ¡De labios de María y de José! Y es que no podemos negar que la maternidad –tampoco la de la Virgen– no se lleva a plenitud el día del alumbramiento del hijo, sino que comprende toda la vida, y especialmente en los años en los que su hijo, en este caso Jesús, iba creciendo en *sabiduría, en estatura y en gracia ante Dios y ante los hombres*[4].

Toda buena madre tiene que ayudar a su hijo a cumplir su misión en la vida y María no fue una excepción. Incluso aunque ella, quizá, no fuera del todo consciente de ello o Jesús mismo tampoco se enterara de mucho al principio como niño que era. Por ejemplo, podemos caer en la cuenta de que María, cumpliendo los preceptos de la Ley, ayudó como madre y creyente a que Jesús derramara su sangre cuando Este no tenía ni un diente en la boca el día de su circuncisión a los ocho días de nacer. Sin el concurso de María, fiel cumplidora de los preceptos divinos, podemos afirmar que Jesús habría derramado menos

---

[4] *Lc* 2, 52.

sangre humano-divina en su sacrificio al Padre, que abarca toda su vida, no solo la Pasión.

María es la que conduce al Señor a derramar una sangre que cumplía la promesa de Dios a Abrahán sobre la que hablamos al principio del libro. El mismo Dios que se implicaba a futuro se hace presente y reconocible gracias al concurso de su madre. Por eso no es de extrañar la unión entre la sangre derramada de Cristo con la profecía de Simeón: *una espada te traspasará el alma,* [María]. Otro ejemplo de protección del niño, aunque en este caso fue san José quien tomó la iniciativa, fue la huida a Egipto antes de la masacre de los Santos Inocentes encargada por Herodes. ¿Cuánto no sufriría el corazón inmaculado de María al conocer la terrible noticia?

Pero no todo es drama, porque ¿cómo no pensar en lo que disfrutaría la Virgen al ver a Jesús desarrollarse y alcanzar una plenitud humana nunca vista anteriormente?; ¿cómo no se gozaría al contemplar esa unión que tenía su Hijo con el Padre?; ¿acaso no hablarían de las cosas de Dios y del Dios de las cosas juntos?; ¿acaso no tendría sus conversaciones con san José sobre lo que veían en el pequeño Jesús? Si, como veremos, habitar con Jesús sin pecado es el Cielo, ¿cómo no pensar que ese hogar de Nazaret era un pedacito de Cielo en la Tierra?

Aunque tampoco podemos pensar el hogar de Nazaret como un lugar idílico en el sentido humano. Si hemos visto que el corazón de Dios padece con nosotros desde el primer momento de la historia, la Sagrada Familia, seguro, tuvo que tener sus penas, más allá de las que la Escritura nos revela. Ya fueran las muertes de familiares o, por ejemplo, las consecuencias lógicas de una vida humana, tales como la exigencia del trabajo para ganarse la vida con el sudor de la frente. Si Jesús trabajó, también sería para mantener a su familia, especialmente tras la muerte del santo Patriarca. El Señor supo que debía tener una existencia plenamente humana y eso incluye que, aunque uno confíe en que Dios proveerá, uno tiene que poner todo lo que le es posible de su parte. Contemplar a Jesús trabajador, de hecho, nos ayuda a sacudirnos de la tentación del falso providencialismo, que consiste en dejarse llevar sin hacer lo necesario para vivir o cargar nuestras ideas geniales a terceras personas y llamar a eso Providencia. No, Jesús –como aprendió seguro de su padre putativo– trabajó porque debía trabajar para cumplir con su deber moral de sostener a su familia. «Actúa como si todo dependiera de ti, sabiendo que en realidad todo depende de Dios», solía decir san Ignacio de Loyola. Eso es Providencia y cuidado divino: poner todo de nuestra parte y confiar en Dios. Pero, insisto, hay que poner todo de nuestra parte, como hicieron María y José, que tomaron decisiones y se movieron en la dirección que Dios les aconsejaba.

Parte de esos sufrimientos morales tienen que ver con que haya tantas cosas en la vida que se nos escapan. Como nos sucede a todos, a María se le escaparon cosas desde el primer momento. A fin de cuentas, ¿cómo vamos a comprender a Dios en nuestra limitada cabeza humana? Si lo pensamos un poco, es absurdo. Y la Virgen, a pesar de su inmaculada concepción, no fue ajena a esto, como expresa san Lucas *(conservaba todas estas cosas [lo que escuchaba, pero no comprendía], meditándolas en su corazón[5])*. El propio evangelista lo deja claro en el episodio en que sus padres pierden de vista al Niño de doce años. La Virgen, como sostiene de fondo Romano Guardini cada vez que habla de la fe de María, es el ejemplo perfecto de que creer es más importante que comprender, pues solo cuando uno cree, cuando mira las cosas desde el prisma divino, puede encontrar una mínima comprensión verdadera, ya que no hay nada más real y más verdadero que Jesucristo, que la Trinidad, que Dios. María calla cuando no comprende lo que sucede porque se fía del Señor y sigue adelante, como mujer recia y convencida de que fuera de Dios no hay vida. Igual que san José, con un silencio tan elocuente en los Evangelios que retumba en los corazones llenos de palabrería y excusas en el seguimiento del Señor como el nuestro.

---

[5] *Lc* 2, 19.

Aprended de mí, que soy manso y humilde de corazón[6].

Antes de pasar a la llamada vida pública de Jesús, vamos a detenernos un poco, pues ya podemos darnos cuenta de que el corazón de Jesús, autodefinido como manso y humilde, es lo que estamos contemplando en María.

¿Qué es la mansedumbre? Resumiendo mucho el tema, diríamos que es la virtud que nos hace dominar la ira y, por tanto, encauzar las pasiones. Ahora hagamos un ejercicio de empatía con la Virgen: ¿quién no se hubiera puesto nerviosa ante el anuncio del ángel?; ¿quién hubiera aceptado de buena gana esa especie de golpe de estado divino a su propia vida?; ¿quién no hubiera desconfiado del Altísimo ante los sucesos del portal de Belén y los Santos Inocentes?; ¿quién no hubiera perdido los nervios en el episodio del Niño perdido y hallado en el Templo?; ¿quién no imagina a una madre –no a ella– insultando a los asesinos de su Hijo? ¡Creo que cualquiera! Pero ella calla, piensa bien de Dios, no se deja dominar por el enfado ni se aleja de los planes divinos. Es verdad que verse embarazada sin intervención masculina debió de ser una evidencia de la acción de Dios impresionante para ella, pero ¿acaso no pedimos tantas veces más y más pruebas a Dios a pesar de con-

_____

[6] *Mt* 11, 29.

templar verdaderos milagros en nuestras vidas? Creo que no hay dudas al afirmar que, incluso en lo más prodigioso, siempre acabamos reclamando una segunda vez lo que hemos disfrutado una primera.

Pero María, simplemente, se deja llevar: de Jerusalén a Nazaret, de allí a Belén, de Belén a Egipto para, posteriormente, tener que retornar a casa. Luego, su vida siguiendo la itinerancia de Jesús. Y, finalmente, de la mano de san Juan, a Éfeso. ¡Casi nada! María sabe que hay un plan divino que la sostiene, es como una niña que se sabe en manos de Dios. Más: la Virgen perdió a sus abuelos, a sus padres, a su marido, a su hijo… ¡vio morir a alguna persona de todas las generaciones de su familia! El Dios que tan perfectamente la amó no le ahorró una vida plenamente humana, también en el sufrimiento. Pero ella fue mansa y fiel.

¿Y la humildad? En este caso tiene mucho que ver con la misericordia divina, de la que hablamos en el episodio del arca de Noé. Si la misericordia es el abajamiento de Dios hasta la pequeñez humana, la humildad es el reconocimiento de esa pequeñez. Pero no de cualquier manera, sino contemplando esa nada que somos como una prueba maravillosa del amor de Dios.

Como hacemos casi siempre quienes escribimos unas líneas sobre el tema, acudimos a Santa

Teresa de Jesús para definir la humildad. Lo leemos en la morada sexta (cap. 10.6):

> Una vez estaba yo considerando por qué razón era nuestro Señor tan amigo de esta virtud de la humildad, y púsoseme delante –a mi parecer, sin considerarlo, sino de presto– esto: que es porque Dios es suma Verdad, y la humildad es andar en verdad, que lo es muy grande no tener cosa buena de nosotros, sino la miseria y ser nada; y quien esto no entiende, anda en mentira. A quien más lo entienda agrada más a la suma Verdad, porque anda en ella. Plega a Dios, hermanas, nos haga merced de no salir jamás de este propio conocimiento, amén.

Parte de este vivir en verdad y aceptarla con simplicidad de María lo encontramos en el episodio de Jesús perdido y hallado en el Templo. Aquí el Evangelio nos enseña, desde la sencillez y perplejidad de la Virgen, una cosa fundamental: no es lo mismo un error que un pecado. Porque es evidente que san José y su esposa debían haber controlado algo mejor al niño «rebelde». No nos puede escandalizar este hecho si tenemos claro que no es lo mismo equivocarse que pecar. Por ejemplo: ¿pudo Jesús hacer mal una mesa? No hay problema en afirmarlo. La perfección humana, en su sentido más profundo y espiritual, no consiste en ser personas superproductivas y, por ende, ser verdaderas máquinas[7]. Más bien, consiste en hacer las cosas con la mejor de las intenciones, con rectitud de corazón, por amor a Dios y al prójimo. Y cuando los padres de Jesús le perdieron la pista, debió de ser por una especie de exceso de confianza en sí mismos y en su Hijo. Es lo que acepta María cuando, a su pregunta: *Hijo, ¿por qué nos has tratado así? Tu padre y yo te buscábamos angustiados*, el Señor le responde sin rodeos y, por decirlo de alguna manera, les pone en su sitio: *¿Por qué me buscabais? ¿No sabíais que yo debía estar en las cosas de mi Padre?*[8].

La humildad de María y José se pone de manifiesto en lo que, a continuación, señala *Lc* 2, 50-51:

> *Ellos no comprendieron lo que les dijo. Él bajó con ellos y fue a Nazaret y estaba sujeto a ellos. Su madre conservaba todo esto en su corazón.*

---

[7] Esto hay que subrayarlo en pleno siglo XXI, donde el descanso no pragmático parece algo malo, obviando el verdadero contenido del tercer mandamiento del Decálogo (Santificarás las fiestas). El descanso es un mandato divino, el reposo nos identifica con el Dios que descansó al séptimo día. Por tanto, tan pecaminoso como el no trabajar es trabajar demasiado, ya que supone un vivir demasiado atado a las realidades humanas, olvidando las estrictamente divinas. O somos libres respecto al trabajo (que conlleva una penitencia desde el Génesis, por cierto) o no nos identificaremos jamás con Dios. Por tanto, aunque uno ofrezca el trabajo al Señor, como un exceso de trabajo humano nunca es querido por Él, puede estar pecando contra el tercer mandamiento, especialmente si omite al deber dominical.

[8] *Lc* 2, 48-50.

En cualquier caso, es evidente: no hay ni rastro de reproche al Dios hecho carne. Si no comprenden es por su humanidad, no porque Dios no lleve razón. Nosotros debemos pedirle al Señor la gracia de la humildad de reconocer nuestras limitaciones que nos son dadas de nacimiento por nuestra naturaleza y la humildad de no rebelarse contra ellas, sino ver en ellas una ocasión de santificación, ya sea aceptándolas o luchando por superarlas.

Otra clave en la humildad es aceptar con naturalidad y conciencia los dones que Dios nos da. Y eso se ve en María de un modo superlativo. A fin de cuentas, Dios le da... ¡a sí mismo! Es cierto –y ojalá tomáramos más conciencia de esto todos– que a nosotros nos regala exactamente lo mismo en la Eucaristía y en el alma en gracia en la que habita el Espíritu divino, pero no podemos negar que la custodia y la educación de la humanidad de Jesús fue puesta bajo su responsabilidad. Don y tarea, como siempre, ¡pero qué tarea! Pienso en cómo tantas veces nos cuesta reconocer y aceptar los propios talentos, en cómo una falsa concepción de la humildad hace que la gente se haga de menos pensando que eso agrada al Señor cuando, en realidad, negar o tapar los dones que Dios nos da puede llegar a ser un gran pecado. María acepta el regalo más grande de la historia, pero lo hace desde esa frase que hemos citado antes y que marca toda su conciencia personal: es la esclava del Señor.

Esa autocomprensión como sierva de Yahveh selló su corazón de un modo indeleble, pero, ojo, no solo el de María, sino el del propio Jesús. Pensemos en que María ya se reconocía sierva de Dios antes de la concepción virginal y que esa mentalidad de siervo es lo que Jesús habría de desarrollar a lo largo de su vida como preparación para la gran prueba de la Pasión. Aunque es evidente que la conciencia mesiánica del Señor le vino dada en gran medida por su relación íntima en oración con el Padre, ¿acaso podemos negar que María le educó para que tomara conciencia, también plenamente humana, de que Él solo podría cumplir su misión si asumía que, ante todo, era esclavo o Siervo de Yahveh? ¿Acaso vamos a negar que toda buena educación materna consiste en preparar al hijo para que asuma quién es y capacitarle para desarrollar su propia vocación? Si asumimos que Jesús era verdadero hombre, ¿cómo vamos a anular, también en esto, la acción de su madre? Creo que no hay duda: el corazón humano e inmaculado de María ayudó a formar, en cuanto hombre, el corazón humano-mesiánico de Jesús.

Pero, hablando del corazón de María y su influencia en Jesús, podríamos escribir mil cosas añadidas: desde la manera de expresarse a los rasgos físicos del Salvador, pasando por todo lo que habitualmente los hijos aprenden y aprehenden de sus padres simplemente contemplando sus vidas. Y, en este caso, todavía más, sabiendo que su Hijo es Dios, ¿dónde quedarían los sermones madre-hijo? Quizá con las palabras hubo alguno, pero, sobre todo, insisto, debió de ser con el ejemplo. María predicó con obras sobre su corazón inmaculado, tal y como luego podemos contemplar en lo que los Evangelios nos hablan de ella durante la vida pública de Jesús.

Un ejemplo de la humildad de su corazón es, precisamente, su segundo plano ante la actividad mesiánica de Jesús. Ella no reclama nada e, incluso, cuando el Señor advierte que todo su mérito consiste en cumplir la voluntad de Dios, que es quien le ha dado a Aquel que su vientre custodió y sus pechos criaron[9], calla. También es elocuente el silencio de María tras la Pascua del Señor, pues los Evangelios, aun poniendo de relieve que ella estaba con los Once, casi diríamos que como cabeza, omiten toda palabra de María. Mientras Pedro encabeza la predicación, la Virgen custodia la fe de la primitiva comunidad. Y, entre medias, el momento del arrebato o del cambiazo en la Cruz cuando Jesús le dice que su hijo, de ahora en adelante, sería el discípulo. María tendría que asumir un gran cambio en su maternidad: si no aceptaba el nuevo número incontable

---

[9] Cfr. *Lc* 11, 27-28.

de hijos, no podría seguir siendo la madre del Señor en su sentido más pleno[10]. Aquello que se había iniciado en Caná, milagro tras el cual sus discípulos, como dice el propio Juan, creyeron en Jesús, tuvo su plenitud tras la Pascua y la purificación de su fe en la Cruz[11].

Precisamente es en el leño santo donde María se convertirá en la gran esposa de Dios, pues es donde culmina la obra redentora de Cristo. Ahí, cuando Jesús entrega el Espíritu, ella será la esposa del Espíritu Santo, como recitamos en las letanías del Rosario. Pero, evidentemente, las nupcias tienen sus preparativos.

Ya hemos hablado algo de la Anunciación, pero si hay unas bodas en la Escritura en las que María es protagonista, son las de Caná de Galilea que san Juan recoge en el capítulo segundo de su Evangelio. Allí, la invitada principal es ella y no Jesús. De hecho, ella llega varios días antes a las celebraciones. Es como si le estuviera preparando el terreno a su Hijo, que llegará a la pequeña ciudad galilea tras reunir un primer grupo de discí-

---

[10] Aquí también me gustaría señalar a Salomé, madre de Santiago el mayor y del propio san Juan. Ella también estuvo presente al pie de la Cruz y quizá escuchó cómo Jesús le daba otra madre a su hijo. Ambas pérdidas filiales aceptadas con fe –la de María y la de Salomé– nos recuerdan la actitud propia del creyente ante lo inefable, expresada en esta frase de la Escritura: *El Señor me lo dio, el Señor me lo quitó* (*Jb* 1, 21).

[11] Incluso, hay una tradición oral que dice que los Doce tuvieron una revelación divina para retornar con ella y acudir al regazo de María en el momento de su Asunción a los Cielos.

pulos y, como Josué, traspasar las aguas del río Jordán.

En este pasaje, María representa el Antiguo Testamento, mientras que Jesús hace presente el Nuevo. El Señor es el que tenía que llegar y lo hace con las nuevas tribus de Israel, que serán sus discípulos. En la boda, llega María y les dice que no tienen vino. Ella, con su corazón delicado y atento, es la primera que se da cuenta, igual que advierte lo que nosotros necesitamos mucho antes de que seamos conscientes de ello. Y ¿qué responde el Señor? Primero, Jesús le llama «mujer» en lugar de «madre». Y, después, si leemos la traducción original, le dice: *Mujer, ¿qué tiene que ver eso contigo y conmigo? Mi hora no ha llegado.* Sabiendo que el concepto «hora» en Juan puede significar casi siempre la Pasión y muerte del Señor, en verdad, Jesús le está diciendo a su madre que su Pasión sería la suya. Que, tras proclamarse como Mesías con ese signo que le está pidiendo, a ella también le llegaría la hora en que le clavarían la espada del pecado como a Él los clavos en la Cruz. La vida de María fue la vida de Jesús desde la Anunciación, así que, si Jesús tenía que ir a la Cruz, ella iría con Él. Y, así, como redentor, se dirige a ella como la madre universal de los redimidos, como la nueva «mujer», y no como su mamá. Nunca olvidemos otra cosa: ser la criatura más pura y excelsa de todas conlleva una mayor exposición al mal, ya que, cuanto más perfectamente ama uno, más sufre el dolor del pecado, que a fin de cuentas es eso, una falta de amor. ¡Qué no sufriría María!

Y llegamos a la Cruz, la gran boda de Jesús con la Humanidad, donde, por cierto, encontramos representados los tres tipos de almas que se salvarán: las almas inmaculadas (María); las penitentes (Magdalena); y las sacerdotales[12] (Juan). Como hemos adelantado, la Cruz es la definitiva alianza donde María es la novia. Ella se preparó durante toda su vida para decirle otro definitivo *fiat* a Dios y la Cruz fue la consumación de ese amor. María es la esposa del Espíritu Santo porque dice que sí a Dios en todo con una entrega sin reservas. Y, así, la Cruz es la vuelta al Edén: colgado del madero está el nuevo Adán y, abajo, la nueva Eva. Jesús y María se miran, se aman y de ese amor brota la vida, un nuevo hijo: Juan. Y ahí tenemos a la nueva familia de Dios: Cristo, María y la humanidad. La paternidad de Dios, la maternidad de María, que es figura de la Iglesia, y nosotros, los discípulos, representados en Juan. Por tanto, nosotros somos los beneficiados del amor entre Dios y la Iglesia; entre Cristo y María. Somos hijos, también, gracias a María. Aunque exagero con lo que voy a decir, podemos de-

---

[12] No caigamos en clericalismos: el alma sacerdotal no es la episcopal, presbiteral o diaconal, sino la que vive sacrificialmente por amor a Dios.

cir en cierto sentido que somos hijos de un mismo corazón.

Con lo dicho hasta aquí sobre el Antiguo Testamento y sobre María, acabamos este capítulo con esa explosión del corazón inmaculado de María tras la Anunciación[13] que, ojalá, tenga un tono nuevo tras lo que hemos ido meditando a lo largo de este libro:

> *Proclama mi alma la grandeza del Señor, se alegra mi espíritu en Dios, mi salvador; porque ha mirado la humildad de su esclava. Desde ahora me felicitarán todas las generaciones, porque el Poderoso ha hecho obras grandes en mí: su nombre es santo, y su misericordia llega a sus fieles de generación en generación. Él hace proezas con su brazo: dispersa a los soberbios de corazón, derriba del trono a los poderosos y enaltece a los humildes, a los hambrientos los colma de bienes y a los ricos los despide vacíos. Auxilia a Israel, su siervo, acordándose de la misericordia —como lo había prometido a nuestros padres— en favor de Abrahán y su descendencia por siempre.*

---

[13] *Lc* 1, 46-55.

8
LA ALIANZA TOMA ROSTRO, JESÚS: DIOS SUFRE «CON» NOSOTROS

8.1. Las bienaventuranzas, radiografía del corazón de Jesús

En el fondo, ya hemos comentado lo más importante de la infancia de Jesús, pues el corazón de María fue su escuela. Simplemente, podemos resaltar la conciencia mesiánica que Jesús tiene ya con doce años y que, por la conversación que narra Lucas, no era ajena a sus padres. Sí, no terminaban de comprender, pero la pregunta de Jesús es «¿No sabíais que yo...?», en lugar de «Os informo de que...». Parece claro que ellos debían ya conocer o intuir algo. Además, después de todo lo sucedido durante su infancia, pensar en una María o en un san José absolutamente ajenos al destino de su Hijo y Quién era su Hijo parece absurdo.

Y ¿qué decir del Corazón de Jesús cuando Él mismo ya lo ha definido como manso y humilde, como ya vimos al hablar de María? Una vez más, podríamos decir mil cosas, así que, como hay que elegir, lo hacemos: nos vamos a quedar con las Bienaventuranzas, donde el corazón de Jesús se derrama como discurso pronunciado desde lo más profundo de su ser para, más adelante, convertirse en pura vida y coherencia al aceptar toda circunstancia de su vida por amor, especialmente al final de sus días en esta tierra[1].

Jesús, pobre de corazón

Vamos a empezar fuerte, ya que esta bienaventuranza, que es una de las caras de la humildad, a veces es malentendida. Y lo es por la maldita manía de separar lo material de lo espiritual, como si ambas cosas no hubieran quedado íntimamente entrelazadas en la Creación y, de manera sublime, en el misterio de Cristo. Seamos absolutamente claros: no se puede ser pobre en lo espiritual sin ser pobre respecto a lo material y viceversa.

Sabiendo que Dios Padre eligió selectivamente a sus padres, el Señor ya amó y eligió la pobreza antes de su propia toma de conciencia, ya que María y José eran más bien modestos en lo económico, tal y como se demuestra en la ofrenda que ambos hacen ante el Templo tras el nacimiento de Jesús. Pero no nos podemos que-

---

[1] Soy consciente de que cada bienaventuranza podría desarrollarse mucho más. De lo que aquí se trata es de dar una pequeña pincelada para resaltar cómo Jesús vivió lo que predicó.

dar ahí, ya que el mismo Cristo y su ministerio fue sostenido con los bienes de sus seguidores, especialmente de las mujeres (cfr. *Lc* 8, 1-3) que Él había sanado. Sabemos que, tras dejar Nazaret, se estableció en Cafarnaúm (cfr. *Mt* 4, 13), pero parece claro que durante sus últimos años de vida anduvo itinerante. Sus ropas fueron de calidad, al menos eso parece con su túnica inconsútil, pero eso no nos dice nada más allá de que debió de aceptar regalos que de verdad valían la pena y eran útiles o, sencillamente, que alguien se la hizo y la hizo de calidad. Sea como sea, la cuidaría para que durara el mayor tiempo posible, síntoma inequívoco de vivir la pobreza.

Pero la clave de todo es que Jesús se muestra siempre libre respecto a los bienes materiales y no vive atado a ellos, aunque los respeta y los ve como un instrumento para amar y alabar a Dios, como se ve en el episodio de la viuda del templo. Pero, cuidado, sin olvidar, tal y como se ve también en dicho pasaje (cfr. *Lc* 21, 1-4), que, como dirá san Pablo en su carta a Timoteo (*1 Tm* 6, 10): *el amor al dinero es la raíz de todos los males, y algunos, arrastrados por él, se han apartado de la fe y se han acarreado muchos sufrimientos.*

Esa libertad respecto a los bienes de la tierra es la que nos da la clave para entrar en la pobreza de corazón, ya que esta consiste, en última instancia, en no tener por preciada otra cosa que no sea Dios. Y, en Dios, las principales mediaciones que Él ponga en nuestra vida, entre las cuales destaca la familia. La pobreza de corazón está bellísimamente expresada en otro poema de santa Teresa de Jesús, muy famoso y esclarecedor:

Nada te turbe, nada te espante, todo se pasa,
Dios no se muda, la paciencia todo lo
alcanza; Quien a Dios tiene, nada le falta:
solo Dios basta.

Eleva el pensamiento, al cielo sube, por nada
te acongojes, nada te turbe.

Jesucristo sigue con pecho grande, y, venga lo
que venga, nada te espante.

¿Ves la gloria del mundo? Es gloria vana;
nada tiene de estable, todo se pasa.

Aspira a lo celeste, que siempre dura; fiel y
rico en promesas, Dios no se muda.

Ámala cual merece bondad inmensa;
pero no hay amor fino sin la paciencia.

Confianza y fe viva mantenga el alma, que
quien cree y espera todo lo alcanza.

Del infierno acosado, aunque se viere,
burlará sus furores quien a Dios tiene.

Vénganle desamparos, cruces, desgracias;
siendo Dios su tesoro, nada le falta.

Id, pues, bienes del mundo; id, dichas vanas,
aunque todo lo pierda, solo Dios basta.

Jesús demostró a lo largo de su vida que lo más importante para Él era su Padre y que todo lo hacía sometido a Él por amor. Eso es ser pobre de corazón. Esas largas noches en la intimidad de la oración, esa manera de llamarle *(iabbá!)*, sus palabras constantemente referidas a su Padre. Cuando uno lee los Evangelios, rápidamente se da cuenta de que los autores captaron esa unión y la importancia de esta. Como muestra, estas dos frases de Jesús:

> *Yo no puedo hacer nada por mí mismo; según le oigo, juzgo, y mi juicio es justo, porque no busco mi voluntad, sino la voluntad del que me envió (Lc 5, 30).*
>
> *Todo lo que me da el Padre vendrá a mí, y al que venga a mí no lo echaré afuera, porque he bajado del cielo no para hacer mi voluntad, sino la voluntad del que me ha enviado. Esta es la voluntad del que me ha enviado: que no pierda nada de lo que me dio, sino que lo resucite en el último día. Esta es la voluntad de mi Padre: que todo el que ve al Hijo y cree en él tenga vida eterna, y yo lo resucitaré en el último día (Jn 6, 37-40).*

Tal fue esta pobreza del «yo» de Jesús, que, en Getsemaní, en la hora de la gran turbación, así como en los instantes previos a su muerte, lo vuelve a poner todo en manos de su Padre, demostrándonos, una vez más, su corazón de niño, que sabe que solo en su Padre puede encontrar el descanso de su corazón, y que Él le va a dar todo lo necesario para que sea pleno y feliz:

Padre mío, si es posible, que pase de mí este cáliz. Pero no se haga como yo quiero, sino como quieres tú (Mt 26, 39). Y: Padre, a tus manos encomiendo mi espíritu (Lc 23, 46).

Pero, así como nuestro corazón no solo vive de la relación vertical Dios-hombre, sino que esa relación nos llega también a través de la relación entre los hombres, Jesús también necesitó amigos, como veremos especialmente al contemplarlo en el huerto de los Olivos. Y creo que esto es muy importante subrayarlo. Si el hombre es imagen de un Dios que es relación, ¿cómo no va a necesitar las relaciones interpersonales y, por tanto, también las amistades?

El corazón de Jesús precisó la compañía de su gente. Sabemos que san Juan se consideró especial en su relación con Cristo, al punto de auto-denominarse «el discípulo amado». También que consideró más cercanos a Pedro, Santiago y al propio Juan que a otros. Asimismo, visitaba a la familia de Betania con cierta asiduidad. ¡Necesitaba amigos! Eso es síntoma inequívoco de humildad: necesitaba también apoyos humanos.

Los amigos son la familia de hermanos que uno escoge y son uno de los pilares sobre los que se asienta toda persona equilibrada. Es más, cuando los buenos amigos escasean, sea por ausencia o por un exceso de socialización que impide las relaciones más profundas, la vida se tambalea tarde o temprano. Cuando uno es joven, no se da mucha cuenta, quizá, pero en cuanto pasa la vida... claro que necesitamos amigos que nos sostengan. Y ¿quiénes quedan? Aquellos a quienes hemos dedicado tiempo de calidad y con quienes hemos compartido lo que llevamos en el corazón. Por eso hay que tener bien claro quiénes son y cuidarlos sobre el resto. Aunque a veces pueda costar, aunque a veces el demonio de la rutina pueda atacar.

Esa sinceridad, el no tener miedo a compartir el corazón, la lealtad y el pudor son pilares que construyen amistades, porque nos permiten ser nosotros mismos y descansar el corazón en el otro. De hecho, uno sabe que está ante un amigo cuando no necesita dar la talla ni aparentar. Y, cuidado, porque si no sabemos no aparentar ante nadie, igual es que algo pasa. Igual que si no somos capaces de abrir el corazón a nadie: tendríamos un problema. Ahora bien, esto se soluciona, pero, en primer lugar, hay que reconocer lo que nos sucede sin dramas.

De todas maneras, en el otro extremo encontramos un defecto bastante común del que se habla poco: la falta de pudor. Pero no me refiero al pudor respecto al físico, sino respecto al interior, a la propia intimidad que tanta gente abre demasiado a cualquiera.

Hay que tener pudor espiritual y saber poner nuestro corazón en manos de muy pocos, pero verdaderos e incondicionales, amigos. Creo que esto es absolutamente imprescindible para poder ser felices y desarrollar relaciones personales sanas. Todos necesitamos hermanos del alma que custodien el secreto más profundo del tesoro que es nuestro «yo» y que llevamos en nuestro corazón. Hay que ser humildes para reconocer esto. Y añado que, si no valoramos nuestro tesoro, si lo vendemos por unos cuantos *likes*, si lo regalamos al primer oportunista que pasa, entonces nunca sabremos lo que es el amor íntimo, del que también se goza en la amistad y del que Jesús disfrutó.

Un amigo es algo mucho más serio de lo que pensamos y no podemos maltratar una palabra tan preciosa. Es verdad que Aristóteles ya hablaba de varios tipos de amistad –por utilidad, por placer y por virtud– y que, sí, las dos primeras categorías son un tipo de amistad; pero aquella amistad a la que Dios nos llama es a la tercera, la amistad en busca de la virtud. Pero no cualquier virtud, sino, en el caso del cristiano, la virtud religiosa, que nos orienta al mayor de los bienes que existen: Dios.

Por tanto, ¿para qué los amigos? Para sostenernos el corazón. También para pasarlo en grande, claro que sí, pero, sobre todo, para buscar y gozar con el bien. La amistad verdadera es la que no se contenta con lo pasajero, sino que se orienta a la eternidad; es la que pone la Eternidad en la ecuación de la amistad y no se contenta con pasarlo bien aquí. Por eso, los mejores amigos serán siempre los que nos ensanchen el corazón para amar más y mejor, ya no solo en esta vida, sino por toda la Eternidad. Los amigos tienen los mismos objetivos, y, como el objetivo principal de un cristiano es ir al Cielo, en toda amistad nosotros hemos de buscar el Cielo. Eso es lo que hizo Jesús con sus amigos: les llevó a su corazón porque en su corazón encontrarían el más preciado de los tesoros.

Quien tiene un amigo tiene un tesoro, dice el refrán, y es una verdad como un templo. Valoremos a nuestra gente, no tengamos miedo a tener amigos con quienes compartamos el alma y ser nosotros mismos de verdad. Jesús, que fue perfecto hombre, no se ahorró ni que sus amigos le vieran llorar, porque con los amigos se comparte el corazón, se comparte la vida. Por tanto, si de verdad queremos ser santos en medio del mundo, si de verdad queremos ser como Jesús, necesitamos hermanos del alma, necesitamos amigos de verdad.

Finalizo señalando una cosa importante: si queremos reflejar la santidad de un Dios que es comunión –relación– de personas, un cristiano no puede dejar en soledad a otra persona. Eso sería dejarle no siendo lo que Dios quiere que seamos todos y cada uno de nosotros. Y, si no tienes buenos amigos, sé humilde y búscalos como hizo Jesús, que salió al encuentro de sus discípulos.

Jesús, manso de corazón

Ya hemos visto qué es la mansedumbre, así que ahora, sencillamente, vamos a contemplar cómo Jesús la vivió en algunos pasajes de su vida.

Para empezar, debemos resaltar cómo Dios permite el mal sin vengarse, sin aniquilar, y cómo siempre ha buscado un solo justo para salvar a la humanidad o al pueblo, como ya vimos en los ejemplos de Noé y de Moisés. En los albores de su vida, especialmente cuando el rey Herodes ordena asesinar a los niños menores de dos años de Belén y alrededores, Dios parece no moverse. No les salva. La respuesta del Señor es sufrir con ellos y en ellos. Esto lo ha comprendido muy bien la tradición eclesial, que ha llamado a estos niños los Santos Inocentes. Murieron como consecuencia de la revelación de Jesús en la historia y la rebelión consecuente de la autoridad, nada dispuesta a perder su posición de poder. Jesús es la Verdad, el Mesías revelado, y Dios lo que hace es proteger el bien, escabullirse (como alguna vez también tuvo que hacer Jesús ya en su vida pública[2]) y continuar su plan.

No falta quien dice que Jesús perdió el control y los estribos en el episodio de la purificación del Templo, con la expulsión de mercaderes y demás. Aquí Jesús, una vez más, no se está compor-

---

[2] Por ejemplo, *Lc* 4, 29-30 y *Jn* 10, 22-39.

tando como simple hombre, sino como Dios. Y con la potestad que tiene expulsa a quienes están prostituyendo su casa, el lugar donde su Espíritu había estado presente durante la mayor parte de los anteriores diez siglos. Asimismo, hay que destacar que Jesús no elimina a las personas, no va a por ellas, sino que, sencillamente, las echa del Templo en tanto no están allí como deben. Pero, evidentemente, a esos mismos les ofrece su salvación y muere por el perdón de sus pecados. La actitud de Dios aquí, en el fondo, es análoga a la que tuvo tantas veces a lo largo del Éxodo, por ejemplo.

Pensemos también cómo Jesús fue manso con Judas. Es la gran pregunta: ¿por qué, sabiendo lo que ese hombre llevaba en su corazón, no hizo nada por detenerlo? Una vez más, Jesús optó por el amor, y el amor no puede robar la libertad a nadie. El Señor se dejó besar por Judas del mismo modo que, anteriormente, le había compartido su pan y entregado la bolsa del dinero para que la custodiara. La respuesta mansa del corazón de Jesús es intentar aniquilar el mal a base de bien, como ya dijimos en la reflexión posterior al arca de Noé al hablar de la acción del Espíritu Santo en nuestras vidas. Jesús esperó que, al beso de Judas, el corazón de este despertara. Y creo que en parte así fue, a pesar de la respuesta que dio el apóstol tras tomar conciencia de lo que había hecho.

Vamos a pasar a la siguiente bienaventuranza ya, pero, antes, dejemos que sea uno de los testigos oculares de todo aquello quien dé testimonio de la mansedumbre del Señor:

> *Cristo padeció por vosotros, dejándoos un ejemplo para que sigáis sus huellas. Él no cometió pecado ni encontraron engaño en su boca. Él no devolvía el insulto cuando lo insultaban; sufriendo no profería amenazas; sino que se entregaba al que juzga rectamente. Él llevó nuestros pecados en su cuerpo hasta el leño, para que, muertos a los pecados, vivamos para la justicia. Con sus heridas fuisteis curados (1 P 2, 21-24).*

Y no podemos olvidar el cántico del Siervo de Isaías que sirve para que el eunuco etíope, en su encuentro con Felipe, viera la luz de la fe y reconociera en Jesús al Mesías (cfr. *Hch* 8, 26-40): *Como cordero fue llevado al matadero, como oveja muda ante el esquilador, así no abre su boca (Is 53, 7).*

Jesús, corazón llorador

Llegamos al Jesús llorador, el Jesús sensible y que no ignora sus sentimientos ni tan siquiera en público, como demostrando que su amor es tan grande que no puede dejar de abarcar todas las facetas humanas.

Y ¿cuándo Jesús deja caer sus lágrimas? Primero, de niño. A veces lo olvidamos, pero, del mismo modo que ya hemos recalcado que Jesús ya derramó su sangre por nosotros a los ocho días de nacer, también vierte lágrimas humanas de pequeño. No tenemos testimonio directo de estas lloreras del Señor, pero, si de verdad creemos que fue niño, tuvo que llorar. Incluso, ya consciente, es muy probable que se hubiera caído y hecho alguna herida, tras lo cual habría acudido lloroso a los brazos de sus padres. ¡Es lo que hacen todos los niños!

Más adelante, ya bien adentrado en su vida pública, tenemos el pasaje de la resurrección de Lázaro (cfr. *Jn* 11), que, personalmente, me parece uno de los más bonitos que hay. Sobre todo, por ver la humanidad desbordada de Jesús, que llora por la muerte de un ser querido, algo que nos ha pasado a casi todos. Claro que tendría esperanza en que su Padre le concedería la resurrección de Lázaro, pero el hecho de saberle muerto le rompe el corazón. A fin de cuentas, la muerte que todos conocemos es consecuencia del pecado[3] y lo que está llorando el Señor, también, es el efecto del pecado en quienes ama.

Las lágrimas que Jesús derrama por quien ama constituyen una verdadera bendición de las lágrimas que vertemos nosotros por amor. Y eso es pre-

---

[3] *Rm* 5, 12: *Por un hombre entró el pecado en el mundo, y por el pecado la muerte, y así la muerte se propagó a todos los hombres, porque todos pecaron.*

cioso. Saber que también en las lágrimas de afecto sincero podemos identificarnos con Jesús es maravilloso y nos revela una cosa importante: llorar no es de débiles, antes bien es algo propio de los fuertes, que son quienes aman y son capaces de expresarlo en su debida manera. Si creemos que Jesús es el hombre perfecto y lloró, ¿cómo vamos a decir que los hombres de verdad no lloran?

Jesús volverá a llorar ante Jerusalén, justo antes de la semana de su Pasión. Una vez más, la incredulidad de su pueblo y su rechazo al Mesías le hacen estallar en lágrimas. El contemplar que apenas hay una persona que no va a fallar, solo una persona en sentido estricto «justa» (su madre, María, que, además, fue concebida inmaculada en virtud de sus futuros méritos), provoca en Dios un nuevo diluvio, pero esta vez en los ojos del Dios hecho carne.

Y, por supuesto, en Getsemaní y en la Cruz, episodios clave sobre los cuales meditaremos algo más adelante con más detenimiento. Ahí lloró de sufrimiento, de un cierto miedo, de debilidad... si lo pensamos un poco, es tremendo. Así lo comprendió –y da testimonio de ello– el autor de la carta a los Hebreos (*Hb* 5, 7-8):

> *Cristo, en los días de su vida mortal, a gritos y con lágrimas, presentó oraciones y súplicas al que podía salvarlo de la muerte, siendo escuchado por su piedad filial. Y, aun siendo Hijo, aprendió, sufriendo, a obedecer.*

Jesús, hambriento y sediento de justicia

Vamos a darle la palabra ahora al papa Francisco, que, en su catequesis del 11 de marzo de 2020, habló sobre esta bienaventuranza, haciendo especial hincapié en el corazón de Dios.

«El hambre y la sed son necesidades primarias, no se trata de un deseo genérico, sino de una necesidad vital y cotidiana, como es la alimentación. Pero ¿qué significa tener hambre y sed de justicia? Ciertamente no estamos hablando de los que quieren venganza. Verdaderamente las injusticias hieren a la humanidad; la sociedad humana tiene una necesidad urgente de equidad, verdad y justicia social; recordemos que el mal que sufren las mujeres y los hombres del mundo llega al corazón de Dios Padre. ¿Qué padre no sufriría por el dolor de sus hijos?

»Las Escrituras hablan del dolor de los pobres y de los oprimidos que Dios conoce y comparte. Por haber escuchado el grito de opresión levantado por los hijos de Israel –como nos dice el Libro del Éxodo (cfr. *Ex* 3, 7-10)–, Dios ha bajado a liberar a su pueblo. Pero el hambre y la sed de justicia de la que nos habla el Señor es aún más profunda que la legítima necesidad de justicia humana que todo hombre lleva en su corazón.

»En el mismo sermón de la montaña, un poco más adelante, Jesús habla de una justicia mayor que el derecho humano o la perfección personal, diciendo: *Si vuestra justicia no es mayor que la de los escribas y fariseos, no entraréis en el Reino de los Cielos* (*Mt* 5, 20). Y esta es la justicia que viene de Dios (cfr. *1 Co* 1, 30).

»En las Escrituras encontramos expresada una sed más profunda que la sed física, que es un deseo en la raíz de nuestro ser. [...] En cada corazón, incluso en la persona más corrupta y alejada del bien, se esconde un anhelo de luz, aunque se encuentre bajo escombros de engaños y errores, pero siempre hay una sed de verdad y bondad, que es la sed de Dios. Es el Espíritu Santo quien despierta esta sed: Él es el agua viva que ha plasmado nuestro polvo, Él es el soplo creador que le dio vida. Por eso la Iglesia es enviada a anunciar a todos la Palabra de Dios, impregnada de Espíritu Santo: porque el Evangelio de Jesucristo es la mayor justicia que se puede ofrecer al corazón de la humanidad, que tiene una necesidad vital de ella, aunque no se dé cuenta. Cada persona está llamada a redescubrir lo que realmente importa, lo que realmente necesita, lo que hace la vida buena y, al mismo tiempo, lo que es secundario y de lo que puede prescindir tranquilamente.

»Jesús anuncia en esta bienaventuranza, hambre y sed de justicia, que hay una sed que no será defraudada; una sed que, si se secunda, será saciada y siempre será satisfecha, porque corresponde al mismo corazón de Dios, a su Espíritu Santo que es el amor y también a la semilla que el Espíritu Santo ha sembrado en nuestros corazones».

Jesús, corazón misericordioso

Ya hemos hablado mucho de la misericordia, especialmente al comienzo de este libro, así que no hablaremos mucho más al respecto. Simplemente debemos insistir en que toda la vida de Jesús es misericordia, es abajamiento hasta nuestra debilidad, hasta nuestro pecado. Jesús se hace pequeño, se hace humilde. Que sea san Pablo ahora el que dé testimonio[4]:

> [Jesús], siendo de condición divina, no retuvo ávidamente el ser igual a Dios; al contrario, se despojó de sí mismo tomando la condición de esclavo, hecho semejante a los hombres. Y así, reconocido como hombre por su presencia, se humilló a sí mismo, hecho obediente hasta la muerte, y una muerte de cruz. Por eso Dios lo exaltó sobre todo y le concedió el Nombre-sobre-todo-nombre; de modo que al nombre de Jesús toda rodilla se doble en el cielo, en la tierra, en el abismo, y toda lengua proclame: Jesucristo es Señor, para gloria de Dios Padre.

---

[4] *Flp* 2, 6-11.

Lo que sí podemos añadir en este punto es la ternura del Señor. Esa ternura que comenzó creándonos, es decir, queriendo que existamos y, por tanto, amándonos; continuó dejándose abrazar y besar y, quizá, tiene su culmen en su mirada.

Aunque no esté explicitado en el Nuevo Testamento, ¿cómo no imaginar la ternura entre la Sagrada Familia? También podemos contemplar cómo, ante el joven rico, *Jesús se quedó mirándolo y lo amó*[5]. Asimismo, la mirada a la samaritana debió de ser increíble, pues qué vería esta mujer que no sintió cómo el Señor la condenaba, sino más bien todo lo contrario. Es pasmoso cómo se abrió en canal a Jesús, reconociendo su larga lista de amantes. O qué decir de la mujer adúltera que san Juan nos presenta en el capítulo octavo de su Evangelio a la que Jesús salva de la lapidación y a la que despide diciendo: *Tampoco yo te condeno. Anda, y en adelante no peques más* (*Jn* 8, 11). La mirada a Pedro, tras las negaciones (cfr. *Lc* 23, 61-62), con la que este reconoció su error y, sí, salió a llorar amargamente su pecado, pero sin desesperación, a diferencia del pobre Judas. Es bueno meditar de vez en cuando la mirada de Jesús.

Qué ternura no tendría el Señor para que los niños se acercaran a Él y para que tanta gente siguiera sus pasos. Es cierto que, en cuanto apretó

---

[5] *Mc* 10, 21.

las tuercas y subió la radicalidad, muchos le abandonaron, pero el atractivo de Jesucristo parece innegable. Incluso hoy día, para bien o para mal.

Jesús, corazón limpio

La limpieza de corazón del Señor, siendo inmaculado, está fuera de toda duda. Pero, yendo al sentido esponsal de la limpieza de corazón, debemos subrayar cómo mantuvo sus afectos sexuales humanos perfectamente ordenados desde su amor con corazón indiviso por el Padre. En este sentido, su trato con las mujeres fue exquisito y jamás dio la impresión de estar interesado en contraer nupcias con ninguna mujer. Su corazón era, como decimos, indiviso, era por completo de su Padre y, siendo de su Padre, para todos nosotros, pues la voluntad de Dios es que todos los hombres se salven[6].

Debemos caer en la cuenta de que el cuidado de la pureza de corazón empieza por el conocimiento, y este, a su vez, comienza por los sentidos, al menos desde la perspectiva aristotélica. Jesús no miraba cualquier cosa, no curioseaba; el Señor no se abrazaba en mal plan a ninguna mujer; el Señor no comía o bebía demasiado (aunque, para los pobres puristas, sí); tampoco fue chismoso, sino más bien cortante cuando la con-

---

[6] Cfr. *1 Tm* 2, 3-4.

versación se tornaba maliciosa. En definitiva, cuidó sus sentidos para proteger su corazón y nos advirtió de la importancia de hacer lo propio, ya que: *lo que sale de la boca brota del corazón; y esto es lo que hace impuro al hombre, porque del corazón salen pensamientos perversos, homicidios, adulterios, fornicaciones, robos, difamaciones, blasfemias. Estas cosas son las que hacen impuro al hombre. Pero el comer sin lavarse las manos no hace impuro al hombre*[7].

Sin decir mucho más, la castidad, que es el orden del amor, expresada en cuerpo y alma, es un rasgo distintivo del corazón de Jesús.

Jesús, corazón pacífico (¡pero ardiente!)

No cabe duda de que Jesús busca la paz, aunque también reconoce que Él no ha venido sino a traer división[8]. ¿Es una contradicción? Tratándose de Jesús, evidentemente, no. Pero, entonces, ¿cuál es el problema? Muy sencillo: Jesús sabe que el mal siempre se va a rebelar contra el bien; los hombres empecatados contra los justos; los malos contra los buenos, en definitiva. Y por eso, porque Él fue una perfección humana hasta entonces desconocida, hubo personas que fueron a

---

[7] *Mt* 15, 18-20.
[8] Cfr. *Mt* 10, 34.

por Él. Esta idea, presente en la Escritura[9] y recogida por muchísimos autores católicos, sin embargo, no es ajena al mundo precristiano e, incluso, pagano. Tanto es así, que Platón, en una de sus obras[10], escribió:

«Tarde o temprano el justo se verá abofeteado, atormentado, cargado de cadenas, quemados sus ojos y condenado a morir en cruz, ejemplo terrible para los demás, ya que él mismo no se convenza de que entre los hombres se trata menos de ser justo que de parecerlo. El hombre injusto, omnipotente en el Estado, bajo la máscara engañosa de la justicia, se casará y contraerá para sí y los suyos relaciones a su gusto, se divertirá, se enriquecerá, se pondrá por encima de todo y de todos».

---

[9] *Pr* 2, 10-22: «*Oprimamos al pobre inocente, no tengamos compasión de la viuda, ni respetemos las canas venerables del anciano. Sea nuestra fuerza la norma de la justicia, pues lo débil es evidente que de nada sirve. Acechemos al justo, que nos resulta fastidioso: se opone a nuestro modo de actuar, nos reprocha las faltas contra la ley y nos reprende contra la educación recibida; presume de conocer a Dios y se llama a sí mismo hijo de Dios. Es un reproche contra nuestros criterios, su sola presencia nos resulta insoportable. Lleva una vida distinta de todos los demás y va por caminos diferentes. Nos considera moneda falsa y nos esquiva como a impuros. Proclama dichoso el destino de los justos, y presume de tener por padre a Dios. Veamos si es verdad lo que dice, comprobando cómo es su muerte. Si el justo es hijo de Dios, él lo auxiliará y lo librará de las manos de sus enemigos. Lo someteremos a ultrajes y torturas, para conocer su temple y comprobar su resistencia. Lo condenaremos a muerte ignominiosa, pues, según dice, Dios lo salvará*». Así discurren, pero se equivocan, pues los ciega su maldad. Desconocen los misterios de Dios, no esperan el premio de la santidad, ni creen en la recompensa de una vida intachable.

[10] *La República*, libro II, 5, 361E.

Además, no podemos olvidar un par de cosas más: que Jesús nos ordenó amar a nuestros enemigos y orar por los que nos persiguen[11]; y que dijo que no hay amor más grande que dar la vida por los amigos[12]. A lo cual podríamos preguntarle: ¿y darla por los enemigos no es un acto todavía mayor de amor? Y Él nos responde: «aunque otros me consideren sus enemigos, yo no considero a nadie tal: tengo y quiero tener a todos por amigos, así que el amor más grande es dar la vida por los amigos, incluso por aquellos que te consideran tus enemigos».

La paz, por tanto, desde una perspectiva cristiana, no puede ser considerada como una ausencia de guerra o de conflicto, sino que consiste más bien en el encuentro de todos en la unidad que trae Cristo. Y precisamente ese es uno de los mayores deseos del corazón de Jesús: *que todos sean uno*[13].

Y aquí es donde nos topamos con la vehemencia del corazón de Jesús, que ya contemplamos en el episodio del Templo, donde el celo de amor por su Padre y su Casa le devora. Pero también esto lo encontramos en la boca del Maestro: *Ardientemente he deseado comer esta Pascua con voso-*

---

[11] Cfr. *Mt* 5, 44.
[12] Cfr. *Jn* 15, 13.
[13] *Jn* 17, 21.

tros, antes de padecer[14]. Respecto a esta frase, podemos caer en la cuenta de que los alimentos que comemos, para que sean disfrutados y nos sienten bien, deben estar a una temperatura determinada, y que la temperatura apropiada para recibir al Señor es ardiendo. Por eso, cada vez que comulgamos participamos de esa vehemencia del Señor. ¡Y ojalá fuéramos más conscientes de ello cuando le recibimos! Eso es lo que experimentaron los discípulos de Emaús en su encuentro con el Resucitado: *¿No ardía nuestro corazón mientras nos hablaba por el camino y nos explicaba las Escrituras?*[15].

Efectivamente, Jesús no mentía cuando dijo a sus discípulos: *He venido a prender fuego a la tierra, ¡y cuánto deseo que ya esté ardiendo!*[16]. Ahora nos toca a nosotros que el mundo arda de esa vehemencia de amor que el Señor nos regaló.

Jesús, corazón perseguido e insultado

Llegamos a las últimas bienaventuranzas, sobre las que poco más vamos a decir, pues el ejemplo de Jesús es más que evidente y ya hemos citado textos suficientes como para contemplar esta bienaventuranza en la vida del Mesías. El

---

[14] *Lc* 22, 15.
[15] *Lc* 24, 32.
[16] *Lc* 12, 49.

Señor, ni corto ni perezoso, nos anima a rezar, amar y perdonar siempre a los enemigos, incluso cuando nos veamos crucificados, añadiendo una especie de exculpación clamorosa (¡no saben lo que hacen!).

En cualquier caso, no dudemos de que solo cuando nos comportamos así podemos encontrar la verdadera felicidad y plenitud. Cuando nos liberamos de la carga del rencor, nuestra vida cambia de color. Por eso, cuando tenemos la oportunidad de vivir como el Señor nos pide, se nos abren las puertas del Cielo de par en par. Hay que intentar, aunque cueste, no desaprovechar la ocasión.

8.2. El corazón de Jesús se derrama en la Pasión

Y llegamos al momento clave de la historia de la Salvación. Sabemos que la creación fue un acto de amor, pero que a Dios no le bastó con crearnos, sino que tuvo, desde el comienzo, el deseo de que estuviéramos con Él. Pero pecamos, le rechazamos. Sin embargo, Él insistió y estableció una Alianza con nosotros que fue repitiendo a lo largo de la historia de la humanidad y del pueblo de Israel. Y ahora vamos a meditar las consecuencias de ese amor inquebrantable: la Pasión y muerte de Nuestro Señor. Es en este misterio donde la tradición ha puesto de manifiesto que el

Corazón de Jesús se derramó por nosotros y que, si queremos llegar a Él, debemos pasar por ahí. Como Tomás, que reconoció en las llagas al Resucitado, precisamente, porque hasta la Pascua se llega por la Cruz.

La soledad de Jesús: la Hora Santa

Que Jesús fue un incomprendido no puede causar ninguna sorpresa en cualquier persona que haya meditado un poco el Evangelio. Como destaca Romano Guardini en su obra *La realidad humana del Señor*, la psicología de Jesús es inabarcable para el hombre. Ni siquiera su madre inmaculada pudo comprenderla muchas veces. Al revés, evidentemente, no ocurría lo mismo, pues *Él sabía lo que hay dentro de cada hombre*[17].

¿Por qué la soledad de Jesús? Porque se ha hecho hombre con todas sus consecuencias. Y una de ellas, como queda claro en el relato del Génesis, es que el pecado hizo su aparición, abriendo un abismo entre Dios y los hombres que solo Él podía subsanar. Es muy interesante subrayar otra vez que incluso la Inmaculada sufrió este abismo. Y esto es porque, aunque en su corazón no había pecado, tuvo que cargar con las consecuencias de los pecados ajenos. Igual que Jesús.

---

[17] *Jn* 2, 25.

Pero la soledad de Jesús no es total, ya que Él vivió perfectamente unido a su Padre. El Señor, de hecho, busca largos ratos en los que se aleja de toda persona humana y se sumerge en la intimidad paternofilial divina. Esas largas noches de oración son elocuentes, igual que muchos de los momentos en que acontecían esas horas y horas de oración: antes de los grandes momentos, tales como la elección de los Doce o la Pasión.

Por tanto, parece evidente que, en el trato hombre a hombre, Jesús tenía una soledad que solo Dios podía colmar y, paradójicamente, esto se pone de manifiesto en los instantes en los que el Señor más lejos se sintió de su ser divino: Getsemaní y la Cruz.

Vamos al Huerto de los Olivos, con un relato que aúna las versiones sinópticas (cfr. *Mc* 14, 32-42; *Mt* 26, 36-46 y *Lc* 22, 39-46), para que sea algo más completa:

> *Entonces Jesús fue con sus discípulos a un huerto, llamado Getsemaní, y les dijo: «Sentaos aquí, mientras voy allá a orar». Y llevándose a Pedro y a los dos hijos de Zebedeo, empezó a sentir tristeza y angustia, y les dijo: «Mi alma está triste hasta la muerte; quedaos aquí y velad conmigo. Orad, para no caer en tentación». Y se apartó de ellos como a un tiro de piedra y, arrodillado, oraba diciendo: «Padre, si quieres, aparta de mí este cáliz; pero que no se haga mi voluntad, sino la tuya». Y se le apareció un ángel del cielo, que lo confortaba. Y volvió a los*

discípulos y los encontró dormidos. Dijo a Pedro: «¿No habéis podido velar una hora conmigo? Velad y orad para no caer en la tentación, pues el espíritu está pronto, pero la carne es débil».

De nuevo se apartó por segunda vez y oraba diciendo: «Padre mío, si este cáliz no puede pasar sin que yo lo beba, hágase tu voluntad». En medio de su angustia, oraba con más intensidad. Y le entró un sudor que caía hasta el suelo como si fueran gotas espesas de sangre. Fue otra vez donde sus discípulos y los encontró dormidos, porque sus ojos se cerraban de sueño. Les dijo: «¿Por qué dormís? Levantaos y orad, para no caer en tentación».

Dejándolos de nuevo, por tercera vez oraba repitiendo las mismas palabras. Volvió a los discípulos, los encontró dormidos y les dijo: «Ya podéis dormir y descansar. Mirad, está cerca la hora y el Hijo del hombre va a ser entregado en manos de los pecadores. ¡Levantaos, vamos! Ya está cerca el que me entrega».

Creo que la soledad de Jesús no admite dudas, pero ahora queda mirarnos a nosotros mismos y comprender por qué la persona que ama al Corazón de Jesús consagra parte de su vida a la llamada Hora Santa, es decir, adquiere un compromiso de acompañar al Señor en reparación por las veces que ella misma le ha dejado de lado. Pero, también, consciente de que a todas horas hay gente que se olvida de Jesús, le ofende o, quizá esto sea lo peor, le ignora.

A veces, por una falta de catequesis, estos compromisos que adquirimos con el Señor nos parecen un poco forzados. Pero esto no es así, si hemos comprendido el amor de Dios que se derrama desde la creación. Lo explicaré con un ejemplo matrimonial, pues, a fin de cuentas, lo que Dios ha sellado con nosotros es un matrimonio, una alianza, una familia:

Un hombre que es bueno, padre de ocho hijos a los que ha atendido de manera óptima y con los que tiene una relación excepcional, es abandonado por su esposa, que decide, a mitad de la vida, reiniciar su historia. No da muchos motivos, simplemente un «se acabó el amor» y así se lo explica a sus hijos. El caso es que da portazo a la vida en familia y se marcha de casa. ¿Qué haría el hombre? Evidentemente, sufrir, pues quiere a su mujer, a quien ha entregado la vida. Pero ¿qué harían los hijos al ver a su padre pasarlo tan mal sin merecerlo? Probablemente intentarían estar más pendientes de él, le cuidarían, pasarían más tiempo juntos y procurarían sacarle una sonrisa. En definitiva, pondrían amor donde ha faltado amor para que su padre no sufra o, mejor dicho, sufra menos.

Pues bien, si vemos perfectamente normal el comportamiento de los hijos del ejemplo y nosotros, probablemente, haríamos lo mismo en justicia y caridad, ¿por qué con Dios no íbamos a hacer lo mismo? Cuando uno ama, como hijo de

Dios que es, sufre al contemplar a su Jesús abandonado. Al tomar conciencia de lo que significa que Aquel que ha muerto por nosotros, que no se ha ahorrado una gota de sangre por nuestro Cielo, sigue siendo igual de abandonado como lo fue hace 2.000 años en la Cruz, quiere pasar tiempo con Él, quiere consolarle, quiere sacarle una sonrisa[18].

Como adelantábamos antes, la devoción al Sagrado Corazón de Jesús ha subrayado este amor por el Señor, especialmente en su soledad, en la llamada Hora Santa, que nace, precisamente, de la contemplación de Getsemaní, donde los tres apóstoles más amados por Jesús –Pedro, Santiago y Juan– no fueron capaces de consolarle en el peor de los momentos. Se durmieron como nos dormimos nosotros tantas veces y no pensamos en el dolor que le afligimos y le afligen tantos. Jesús nos pregunta a nosotros, como a ellos: «¿Eres capaz de velar conmigo una hora?». Y nuestra respuesta es que «sí», que queremos estar con Él, y por eso nos comprometemos a adorarle ante la Eucaristía (expuesta o ante el sagrario) una hora. Ojalá fuera diaria, pero, en caso de no

---

[18] La devoción al Sagrado Corazón de Jesús ha establecido tres niveles de reparación. La primera es la «negativa» y la tercera, la «aflictiva», pero las veremos al meditar el abandono de Jesús en la Cruz. Esta reflexión sobre el padre abandonado y la acción de sus hijos nos sirven para explicar la segunda, la «reparación afectiva», que busca poner amor donde ha faltado amor al amado.

poder, al menos un día a la semana o los primeros viernes de mes, que son el primer día penitencial del nuevo mes y en el que acompañamos al Señor para consolarle y pedirle perdón por nuestras faltas del mes anterior.

Obviamente, salvo inspiración divina y simbólica, la Hora Santa no ha de ser necesariamente tan regulada en el día concreto o, incluso, en el tiempo exacto. Se trata de una actitud interior que nos lleve a postrarnos ante Él, abrazarle y besarle con el corazón. Tampoco se trata de andar pidiendo perdón todo el rato, pues el Señor no quiere eso. A Él, con que reconozcamos nuestros pecados con claridad y propósito de la enmienda en el confesionario, le es suficiente. Jesús nos espera como el amado espera que llegue la amada. Al Señor le basta con saber que estamos en su presencia. Nos busca y nos escucha si queremos contarle nuestras cosas. A veces, simplemente un cruce de miradas es suficiente. En otras ocasiones, cantamos juntos. ¡Hay mil maneras de hacer feliz al Señor! Porque ese es el objetivo último de la Hora Santa: ¡hacer feliz a Jesús!

¡Alerta! El demonio, que ya consiguió dormir a los tres apóstoles, puede intentar disuadirte de la Hora Santa o de que la vivas para Jesús. ¿Cómo? Con el activismo y «las cosas más importantes que rezar» durante tu día; también engañándote para que creas que la Hora Santa, sin sentimientos gozosos, no ha valido casi; o, sencillamente, hacerte creer que el objetivo es disfrutar tú de Dios en lugar de hacerle disfrutar a Él. ¿Recuerdas el ejemplo que hemos puesto? Es como si los hijos fueran ante el padre a exigirle que les alegre el día. ¿No sería tratarle un poco como un bufón? En la Hora Santa, ¡pensemos en Su felicidad! ¿Te imaginas la cara de alegría del Señor desde el sagrario cada vez que estás ahí?

Aunque temporalmente fue anterior a Getsemaní, quiero reflexionar sobre el abandono y la soledad de Jesús y su relación con la Eucaristía, que san Juan trae a colación en el capítulo sexto de su Evangelio. Primero, narró la multiplicación de los panes y los peces (cfr. *Jn* 6, 1-15), que evidentemente tiene un contexto eucarístico (y más sabiendo que Juan no narra la institución de la Eucaristía en la Última Cena. Este es su capítulo eucarístico, de hecho); segundo, presenta a Jesús caminando por el mar, un acontecimiento que suscita la admiración y el estupor entre propios y extraños (cfr. *Jn* 6, 16-24); y en tercer lugar, escribe el discurso del «Pan de vida», en el que el Señor sube la exigencia a sus seguidores sobremanera, al punto de afirmar:

> *«Yo soy el pan vivo que ha bajado del cielo; el que coma de este pan vivirá para siempre. Y el pan que yo daré es mi carne por la vida del mundo». Disputaban los judíos entre sí: «¿Cómo puede este darnos a comer su carne?». Entonces Jesús les dijo: «En verdad, en verdad os digo: si no coméis la carne*

del Hijo del hombre y no bebéis su sangre, no tenéis vida en vosotros. El que come mi carne y bebe mi sangre tiene vida eterna, y yo lo resucitaré en el último día. Mi carne es verdadera comida, y mi sangre es verdadera bebida. El que come mi carne y bebe mi sangre habita en mí y yo en él» (Jn 6, 51-56).

¡Comer su cuerpo y beber su sangre es la vida! Y rechazarlos, por tanto, ¡es la muerte!

¿Qué pasó cuando Jesús subió la contundencia de su mensaje? ¡Bingo! Que muchos le abandonaron, exactamente igual que sucede hoy en día. Cuando el Señor nos dice, a través de su Iglesia, las Escrituras y el resto de la Revelación, que el matrimonio es entre un hombre y una mujer o que es indisoluble... ¡abandono! Cuando se afirma que todo aborto provocado es una aberración... ¡abandono! Cuando se intenta hacer ver el valor supremo de la vida ante amenazas como la eutanasia... ¡abandono! Cuando se recuerda que solo los varones pueden ser sacerdotes... ¡abandono! Cuando se explica la belleza de la moral sexual y la castidad en todos los órdenes de la vida y se invita a seguirla sin pactar con el pecado... ¡abandono! Y así podríamos seguir. Esto es lo que ocurrió al final del discurso (cfr. *Jn* 6, 60-61. 63-69):

Muchos de sus discípulos, al oírlo, dijeron: «Este modo de hablar es duro, ¿quién puede hacerle caso?». Sabiendo Jesús que sus discípulos lo criticaban, les dijo: «¿Esto os escandaliza?, El Espíritu es quien da vida; la carne no sirve para nada. Las palabras que os he dicho son espíritu y vida. Y, con todo, hay algunos de entre vosotros que no creen». Pues Jesús sabía desde el principio quiénes no creían y quién lo iba a entregar. Y dijo: «Por eso os he dicho que nadie puede venir a mí si el Padre no se lo concede». Desde entonces, muchos discípulos suyos se echaron atrás y no volvieron a ir con él. Entonces Jesús les dijo a los Doce: «¿También vosotros queréis marcharos?». Simón Pedro le contestó: «Señor, ¿a quién vamos a acudir? Tú tienes palabras de vida eterna; nosotros creemos y sabemos que tú eres el Santo de Dios».

He ahí el papel de la Iglesia. Impopular ante los signos de los tiempos, que hoy día no son precisamente los más favorables al Señor, desde luego. Pero, con la Revelación ya culminada (no en su comprensión, ojo), el mensaje no se puede cambiar. Si Jesús y la Escritura dicen que determinadas actuaciones son pecado... deberíamos confiar en Él y no abandonarlo por ese rey tan absurdo y fatuo llamado «ego». Un rey que se manifiesta en la canonización de «mis» opiniones, «mis» interpretaciones de las palabras de Jesús o «mi» visión de la Iglesia y cómo debería modernizarse. En definitiva, caer en lo que Benedicto XVI llamó la trampa de la «ideología del progreso»:

«¿Qué significa realmente "progreso"; qué es lo que promete y qué es lo que no promete?

Ya en el siglo XIX había una crítica a la fe en el progreso. En el siglo XX, Theodor W. Adorno expresó de manera drástica la incertidumbre de la fe en el progreso: el progreso, visto de cerca, sería el progreso que va de la honda a la superbomba. Ahora bien, este es de hecho un aspecto del progreso que no se debe disimular. Dicho de otro modo: la ambigüedad del progreso resulta evidente. Indudablemente, ofrece nuevas posibilidades para el bien, pero también abre posibilidades abismales para el mal, posibilidades que antes no existían. Todos nosotros hemos sido testigos de cómo el progreso, en manos equivocadas, puede convertirse, y se ha convertido de hecho, en un progreso terrible en el mal. Si el progreso técnico no se corresponde con un progreso en la formación ética del hombre, con el crecimiento del hombre interior (cfr. *Ef* 3, 16; *2 Co* 4, 16), no es un progreso, sino una amenaza para el hombre y para el mundo.

Por lo que se refiere a los dos grandes temas "razón" y "libertad", aquí solo se pueden señalar las cuestiones relacionadas con ellos. Ciertamente, la razón es el gran don de Dios al hombre, y la victoria de la razón sobre la irracionalidad es también un objetivo de la fe cristiana. Pero ¿cuándo domina realmente la razón? ¿Acaso cuando se ha apartado de Dios? ¿Cuándo se ha hecho ciega para Dios? ¿La razón del poder y del hacer es ya toda la razón? Si el progreso, para ser progreso, necesita el crecimiento moral de la humanidad, entonces la razón del poder y del hacer debe ser integrada con la misma urgencia mediante la apertura de la razón a las fuerzas salvadoras de la fe, al discernimiento entre el bien y el mal. Solo de este modo se convierte en una razón realmente humana. Solo se vuelve humana si es capaz de indicar el camino a la voluntad, y esto solo lo puede hacer si mira más allá de sí misma. En caso contrario, la situación del hombre, en el desequilibrio entre la capacidad material, por un lado, y la falta de juicio del corazón, por otro, se convierte en una amenaza para sí mismo y para la creación» (*Spe Salvi*, 22-23).

En fin, queda de manifiesto, una vez más, que la puerta es estrecha, pero lo es, sobre todo, porque debemos ejecutar al papagayo interior que nos lleva a ponernos por encima de la Tradición de la Iglesia, su Magisterio y de la Escritura. San Juan de la Cruz, en sus escritos, habla de la virtud de la abnegación del yo para afirmar a Cristo, la cima de la vida cristiana. Y Romano Guardini, en su obra maestra *El Señor,* escribe: «El mayor enemigo de nuestra redención somos nosotros mismos. Contra nosotros, precisamente, tiene que luchar el Buen Pastor por nosotros»[19].

---

[19] GUARDINI, R., *El Señor*, Ed. Cristiandad, 3ª ed., 2006, p. 209.

Volvamos a la Pasión. Tras Getsemaní, la soledad del corazón de Jesús se hizo también física cuando, tras el prendimiento, *todos los discípulos lo abandonaron y huyeron* (*Mt* 26, 56). Apenas Juan y Pedro, de lejos, le siguieron.

Lo que ocurrió justo después va en la misma línea: el Señor, solo ante el peligro, es negado por Pedro, abofeteado gratuitamente, rechazado por blasfemo por los sacerdotes, rechazado en favor de Barrabás, burlado por los soldados y por el propio Herodes, etc. Y llegamos a la Cruz, donde el Señor pronunció su última homilía, contrajo matrimonio eterno con nosotros y nos entregó lo necesario para que tengamos vida en abundancia.

La última homilía de Jesús: las siete palabras

Empezamos ahora con el testamento oral del Señor. Son las famosas «siete palabras» de Jesús en la Cruz:

1. Padre, perdónalos, porque no saben lo que hacen (Lc 23, 34)

Esta frase es tremenda, pero es que es verdad. Como dice el mismo Señor al comienzo del Evangelio de san Juan, si conociéramos «el don de Dios», (*Jn* 4, 10) otro gallo nos cantaría. No el de la negación, como a Pedro, sino el del amor, como a María.

En estos momentos críticos, Jesús pone encima de la mesa el tema del perdón y nos recuerda que nuestra actitud ha de estar siempre abierta a la reconciliación. Incluso, parecería que Jesús está siendo un poco indulgente con sus verdugos, pero nada más lejos de la realidad. Sencillamente pone de manifiesto la ignorancia última de quienes le han llevado al suplicio.

¿Y en nuestro caso? Queda claro que no debemos confundir misericordia y perdón[20], como ya vimos al comienzo de este libro, por lo que no podemos pensar que puede haber reconciliación sin amor. He ahí nuestra principal tarea: reconocer y responder al amor de Dios, que comienza por el reconocimiento de nuestros pecados. Si te fijas, toda nuestra vida cristiana está coronada con el perdón: en el Bautismo, en la Penitencia, como apertura a la Eucaristía, como mediación del perdón de Cristo (Orden Sacerdotal) y el perdón último (Unción de los enfermos y perdón final). Y, bueno, quedaría por hablar del matrimonio, pero baste con preguntarnos qué sería de cualquier matrimonio sin vivir y practicar el perdón con frecuencia. Sin perdón no hay vida y el perdón no es una opción para el cristiano, sino una obligación.

El perdón en el momento de la muerte es lo que pone Jesús sobre el tapete. Por eso es impor-

---

[20] El perdón, quiero recalcar, no es olvidar, no es hacer como si nada hubiera pasado, sino que tiene que ver con no llevar cuentas del mal y no mirar al otro desde el daño que nos ha hecho. Es volver a elegir a la persona que nos ha dañado desde su verdad más dolorosa y sin idealismos.

tante saber qué pasará tras la misma y por qué nos conviene morir purificados.

Tras la muerte iremos al juicio y, allí, nos daremos cuenta de lo que el Señor ha hecho por nosotros, cómo ha caminado a nuestro lado a cada instante de nuestras vidas, cómo *nos ha amado primero*[21]. El Juicio será un momento en que nos confrontaremos, en definitiva, con el amor de Dios. Y quien haya escogido vivir sin Cristo durante esta vida tendrá que vivir sin Cristo durante la Eternidad, pues esa habrá sido su elección y Dios, que es un caballero, no puede obligar a nadie a amarle ni a estar con Él. Es un tremendo drama, pero eso será el Infierno: tras haber desechado a Cristo y contemplar lo maravilloso que ha sido Él con nosotros, brotará en el corazón de los condenados un odio tal que será insoportable. Odio por uno mismo, por haber rechazado a Dios; odio a los demás, por no haber sido capaces de ver en ellos el rastro de Dios o porque no les han revelado la Verdad que ellos sí conocían; odio al Diablo, por haberle seducido; odio por todo lo creado, pues fue un terrible velo que le cegó. En definitiva, si el Cielo será compañía divina y humana en el perfecto Amor, el Infierno será exactamente lo opuesto: soledad y compañía angélica (demonios) y humana en el perfecto odio.

---

[21] *1 Jn* 4, 19.

Porque el Señor sabe lo que es vivir sin Él, lucha hasta el último instante por nosotros. Pero esta no es la razón única, ni mucho menos, por la que pelea tanto y nos exculpa, al punto de que, cada vez que lo crucificamos, nos repite esa misma frase: *Padre, perdónalos, porque no saben lo que hacen.* El Señor también sufre por la soledad que le provoca nuestro desamor, su corazón sigue sangrando cada vez que pecamos, cada vez que le clavamos una espinita y hacemos la corona más y más grande. Es como esa madre cuyo hijo se ha descarriado y no le hace caso: siempre está con los brazos abiertos esperando cualquier gesto hacia ella, y son esos gestos lo que hace que su sed de amor se sacie un poco. ¡El Señor se sirve de cualquier cosa para hacernos ver que su Amor es lo mejor que nos puede suceder! No deja que nos condenemos tan fácilmente y, para ello, también cuenta con la inestimable ayuda de su Santísima madre, a quien siempre encontraremos al pie de la Cruz cuidando del corazón de su Hijo... y del de sus hijos. Valga como ejemplo de ello una anécdota de la vida del Cura de Ars[22]:

> Una señora piadosa –dice, sin designarla por otro nombre, la baronesa de Belvey– tenía su marido que no practicaba la religión. Rogaba mucho para que se convirtiera, pues

---

[22] Trochú, F., *El cura de Ars,* Ed. Palabra, p. 618, Madrid 1996.

era cardíaco y podía morirse de repente. Esta señora gustaba mucho de adornar una imagen de la Virgen que tenía en su casa. Su marido se complacía en cortarle las flores, y se las iba dando sin ignorar a quién iban destinadas. Murió de muerte en apariencia repentina, sin recobrar, según se creyó, el conocimiento y sin los auxilios espirituales. La pena de su esposa fue atroz; cayó enferma, y se llegó a temer por su razón. Al fin, aunque desde una región muy lejana, pudo hacer un viaje a Ars. «¿Se ha olvidado usted, le dijo el santo Cura, en cuanto la vio, de los ramos de flores que ofrecía a la Virgen?». Estas palabras, que de momento la sumieron en la mayor admiración, la tranquilizaron, la consolaron y le devolvieron la salud del cuerpo y la calma del espíritu.

2. En verdad te digo: hoy estarás conmigo en el paraíso (Lc 23, 43)

Ya lo ha puesto de manifiesto hablando del perdón a la primera de cambio, pero el Señor, el mismo Dios que buscaba un solo justo, llámese Noé o Moisés, para salvar a la humanidad o al pueblo; el mismo Dios que perdonó al rey David tras arrepentirse de sus pecados; el mismo Dios que llamó al pueblo del destierro para que viviera de su promesa; el mismo Dios hecho carne se afana ahora por llevar a un hombre moribundo al Cielo. Se pone de manifiesto esa frase de san Pablo que hemos citado antes: ¡Dios quiere que todos los hombres se salven! Y predica con el ejemplo. Se acoge a la fe del buen ladrón para decirle que ha ganado el Paraíso.

Por tanto, hablemos del Cielo. Y empezamos por algo que Jesús ya había revelado a lo largo de su vida pública[23], pero en la que hace especial énfasis ahora: el Cielo es estar con Él, el Paraíso es habitar en Él, el Cielo está donde Dios está. Por eso la clave de la frase es «conmigo» y no tanto «Paraíso». Solo así podemos comprender qué es el Cielo, si es que acaso es posible... ya que san Pablo nos dejó bien claro que «ni ojo vio ni oído oyó» lo que Dios nos tiene preparado a quienes le aman con verdad y con obras (cfr. *1 Co* 2, 9).

Cuando uno comprende esta perspectiva de lo que es el Cielo, entonces se abren muchas puertas a su comprensión, ya que se entiende mejor por qué Jesús dice que si no volvemos a ser como niños no entraremos en el Reino de los Cielos[24]. Si te fijas, el Paraíso es una vida en unión con Dios y en dependencia perfecta. Exactamente igual que un niño, que vive de lo que sus

---

[23] Por ejemplo, en *Mt* 4, 17 o en *Mt* 10, 7.
[24] Cfr. *Mt* 18, 3.

padres le dan, depende de ellos en todo, pero sobre todo en su vida afectiva, y vive tranquilo teniendo conciencia de que, junto a ellos, nada le falta. No es casualidad que tanta gente, al pensar en el Cielo, lo haga pensando en una especie de retorno a su infancia. Creo que es precisamente por eso, más allá de que sea tan humano idealizar tiempos pretéritos. En la infancia no tenemos demasiadas preocupaciones y, lo más importante, nos sentimos queridos y seguros, gracias a nuestra familia.

También hay personas que se imaginan el Cielo como una proyección de sus pensamientos, lícitos la mayoría de ellos. Pero esto no es del todo correcto, ya que, por culpa del pecado original, a veces vemos las cosas erróneamente, queremos cosas que no son las óptimas y sentimos desordenadamente. Por eso el Cielo, en verdad, colmará nuestros anhelos, pero serán los más profundos del alma, de ese corazón que solo puede descansar, como dijo san Agustín, en los brazos de nuestro padre, Dios. Es trabajo de toda la vida luchar por tener *los mismos sentimientos de Cristo* (*Flp* 2, 5) y no desesperemos si a veces el Señor nos purifica los deseos. En cualquier caso, toda acción divina irá a perfeccionar nuestra naturaleza y a colmar todos y cada uno de los talentos que Él ha puesto en nuestra persona. Es nuestro padre, solo quiere lo mejor para nosotros, podemos estar tranquilos.

Hay que notar que en esta tierra amamos a las demás personas y que el amor es un tipo de inhabitación, es decir, que el amado habita de algún modo en nuestro corazón. De ahí que *re-* (de nuevo) *cordis* (corazón), es decir, que recordemos a nuestros seres amados tantas veces. Vivos o muertos, los notamos muy presentes en nosotros. ¿Y en el Cielo qué pasará? Creo que podemos estar absolutamente tranquilos, ya que, para empezar, Dios es relación de personas, y, para continuar, quienes llegan al Cielo se suman personalmente a esa gran familia, por lo que ya podemos irnos olvidando de esa imagen estática del Cielo en la que estamos todos pasmados ante la luz de Dios. Amar es entrar en relación y, si el Cielo es amor y Dios es relación, la ecuación es más que sencilla: allí disfrutaremos de quienes se han acogido al amor de Dios.

Y ¿qué pasa con quienes amamos y se condenan?, ¿tendremos el corazón vacío si ellos no están en el Cielo? Estas cuestiones son honestas y hay que planteárselas, si bien, claramente, nos faltan datos de lo que supone el Cielo. Personalmente, alejándome del buenismo que sitúa a todo el mundo en el Cielo, se haga lo que se haga[25], creo que la respuesta puede partir de aquí: una persona que rechaza a Dios (y se condena, por tanto) está rechazando lo más bello que otra persona puede poseer. Y eso no es querer bien y en plenitud. Cuando amamos de verdad a alguien, queremos lo mejor para esa persona. Y, si somos conscientes de que el supremo bien es Dios, para amar perfectamente debemos anhelar el encuentro de esa persona con Dios.

Volviendo al Cielo y a su esencia de amor y relación con Cristo en el seno de la Trinidad y junto a las personas que han amado a Dios, deberíamos continuar preguntándonos dónde encontramos el Cielo en nuestro día a día. La respuesta primera es la fe, donde tocamos realmente a Jesús; la segunda son los sacramentos, pero su desarrollo lo dejamos para más adelante, cuando contemplemos el costado traspasado de Cristo en la Cruz; y la tercera respuesta son las mediaciones cotidianas que el Señor nos regala y a través de las cuales se hace presente: la Iglesia, por supuesto, unida al trato con la Virgen y los santos, pero también a través de la familia, los amigos, compañeros y, especialmente, a través de los más necesitados, esos que el Evangelio llama «peque-

---

[25] Esto me parece una gran trampa del Demonio, entre otras cosas, porque, cuando uno canoniza a un ser querido inmediatamente tras la muerte y cree firmemente que está en el Cielo, se debilita la conciencia de la necesidad que tienen las almas del Purgatorio de que recemos por ellas para que salgan pronto de allí.

ños» y respecto a los cuales Jesús no puede ser más rotundo: *En verdad os digo que cada vez que lo hicisteis con uno de estos, mis hermanos más pequeños, conmigo lo hicisteis. [...] En verdad os digo: lo que no hicisteis con uno de estos, los más pequeños, tampoco lo hicisteis conmigo* (Mt 25). Y notemos que no lo dijo en cualquier instante, sino justamente antes de encaminarse a la Pasión.

Es decir: en nuestra relación con el prójimo también podemos tocar el Cielo, porque podemos tocar a Jesús, podemos tocar el amor[26].

3. *«Mujer, ahí tienes a tu hijo». Luego, dijo al discípulo: «Ahí tienes a tu madre». Y desde aquella hora, el discípulo la recibió como algo propio (Juan 19, 26-27)*

De la Virgen María ya hemos hablado mucho, especialmente en el capítulo dedicado a su Inmaculado corazón, tan importante para la formación humana de Cristo y querida por el Padre para mostrarnos a todos el lado maternal de Dios, también en lo humano.

Si te acuerdas, al principio del libro, hablábamos, desde el Credo, de la fecundidad en Dios. Es decir: hay un Padre que engendra a un Hijo y

---

[26] Esto se ve claramente en el matrimonio: los cónyuges son signos e instrumentos del amor de Dios para el otro. Por tanto, están llamados a hacer presente a Jesús en sus vidas, por lo que están llamados a hacer presente el Reino de los Cielos al cónyuge.

esa relación perfecta de amor es el Espíritu Santo. Y es que, aunque esto nos cueste reconocerlo a veces, no hay exclusividad infecunda entre dos cuando en el amor no media el pecado. El amor siempre requiere un tercero. Lo vemos en nuestra propia naturaleza: unos novios se casan por la Iglesia para tener hijos, haciéndose una sola carne. O, también, un sacerdote se esposa con la Iglesia y es tomado por Dios mismo en los sacramentos[27] para engendrar hijos para la Iglesia a través del ministerio[28].

Pues bien, como el amor de Dios no es exclusivo, el Señor quiso compartir su madre con nosotros para que, de este modo, fuéramos llevados a Él desde su maternidad. Por eso es tan importante el *Haced lo que él os diga* (*Jn* 2, 5) de las Bodas de Caná, porque es un mensaje para los hombres de todos los tiempos. Ella ya estaba

---

[27] A veces me da lástima cuando esa preciosa expresión del Génesis –ser «una sola carne»– se asocia en exclusiva a los matrimonios. Creo que no es exclusiva ni de lejos, ya que, cuando el sacerdote consagra o da la absolución, no es él quien lo hace, sino que es Cristo quien haciéndose uno con la humanidad del sacerdote obra los sacramentos. Por tanto, ¿acaso no es más perfectamente «una sola cosa» el sacerdote con Dios en esos instantes que el matrimonio cuando culmina su alianza?

[28] Desde este punto de vista, podemos decir que el matrimonio es una alianza natural (varón-mujer) de la que se sirve Dios para llamar a las personas a la existencia terrenal. Por su parte, el sacerdocio es la alianza sobrenatural (Iglesia-Sacerdote) de la que se sirve Dios para llamar a las personas a la existencia celestial. De ahí que el matrimonio sea entre un hombre y una mujer y la congruencia del celibato sacerdotal: uno refleja la fecundidad natural y el otro, la sobrenatural.

ejerciendo una maternidad en la fe de los discípulos, ahora lo será de un modo nuevo en el Espíritu Santo, como se verá reflejado en el hecho, nada casual, de que ella estaba en el centro del colegio apostólico el día de Pentecostés.

El axioma es claro: María fue madre de la fe de los discípulos, los discípulos fueron elegidos apóstoles por Jesús, quien les dio potestad, ordenándoles sacerdotes, para administrar su gracia a través de los sacramentos. Los sacramentos brotan del costado de Cristo, especialmente el bautismo y la Eucaristía, tal y como señaló san Agustín en su *Tratado sobre el Evangelio de San Juan:* «Cristo fue, después de su muerte, traspasado por la lanza, a fin de que brotaran los sacramentos que edifican la Iglesia»[29]. La Eucaristía hace la Iglesia y nosotros somos injertados en la Iglesia por el Bautismo. La Eucaristía es Jesús y llega a nosotros, en la Iglesia, a través de la acción de los apóstoles, cuya fe, en origen, se remonta a María. Por tanto, María es la madre de la Iglesia también, como bellamente la nombró el Concilio Vaticano II.

Y ahora, 2.000 años más tarde del episodio de Caná y de tantos otros, la maternidad divina, cuyo reflejo perfecto en lo humano fue María, permanece en la Iglesia de Cristo. ¿No es precioso? Pero dejemos que sea el propio Concilio,

---

[29] SAN AGUSTÍN, *In Iohannis Tractatus* 9, 10: PL 35, 463 D.

en concreto la constitución dogmática *Lumen Gentium*, 63-65, el que nos lo explique mejor:

«La Virgen Santísima, por el don y la prerrogativa de la maternidad divina, que la une con el Hijo Redentor, y por sus gracias y dones singulares, está también íntimamente unida con la Iglesia. Como ya enseñó san Ambrosio, la Madre de Dios es tipo de la Iglesia en el orden de la fe, de la caridad y de la unión perfecta con Cristo. Pues en el misterio de la Iglesia, que con razón es llamada también madre y virgen, precedió la Santísima Virgen, presentándose de forma eminente y singular como modelo tanto de la virgen como de la madre. Creyendo y obedeciendo, engendró en la tierra al mismo Hijo del Padre, y sin conocer varón, cubierta con la sombra del Espíritu Santo, como una nueva Eva, que presta su fe exenta de toda duda, no a la antigua serpiente, sino al mensajero de Dios, dio a luz al Hijo, a quien Dios constituyó primogénito entre muchos hermanos (cfr. *Rm* 8, 29), esto es, los fieles, a cuya generación y educación coopera con amor materno.

»La Iglesia, contemplando su profunda santidad e imitando su caridad y cumpliendo fielmente la voluntad del Padre, se hace también madre mediante la palabra de Dios aceptada con fidelidad, pues por la predicación y el bautismo engendra a una vida nueva e inmortal a los hijos concebidos por obra del Espíritu Santo y nacidos de Dios. Y es igualmente virgen, que guarda pura e íntegramente la fe prometida al Esposo, y a imitación de la Madre de su Señor, por la virtud del Espíritu Santo, conserva virginalmente una fe íntegra, una esperanza sólida y una caridad sincera.

»Mientas la Iglesia ha alcanzado en la Santísima Virgen la perfección, en virtud de la cual no tiene mancha ni arruga (cfr. *Ef* 5, 27), los fieles luchan todavía por crecer en santidad, venciendo enteramente al pecado, y por eso levantan sus ojos a María, que resplandece como modelo de virtudes para toda la comunidad de los elegidos. La Iglesia, meditando piadosamente sobre ella y contemplándola a la luz del Verbo hecho hombre, llena de reverencia, entra más a fondo en el soberano misterio de la encarnación y se asemeja cada día más a su Esposo. Pues María, que por su íntima participación en la historia de la salvación reúne en sí y refleja en cierto modo las supremas verdades de la fe, cuando es anunciada y venerada, atrae a los creyentes a su Hijo, a su sacrificio y al amor del Padre. La Iglesia, a su vez, glorificando a Cristo, se hace más semejante a su excelso Modelo, progresando continuamente en la fe, en la esperanza y en la caridad, y buscando y obedeciendo en todo la voluntad divina. Por eso también la Iglesia, en su labor apostólica, se fija con razón en aquella que engendró a Cristo, concebido del Espíritu Santo y nacido de la Virgen, para que también nazca y crezca por medio de la Iglesia en las almas de los fieles. La Virgen fue en su vida ejemplo de aquel amor maternal con que es necesario que estén animados todos aquellos que, en la misión apostólica de la Iglesia, cooperan a la regeneración de los hombres».

Una vez leído esto, solo nos queda la siguiente cuestión: ¿Y nosotros qué hacemos ahora? Muy sencillo: hacer de la devoción a la Virgen María uno de los fundamentos de nuestra vida de piedad y acoger a la Iglesia como verdadera madre, asumiendo los ministerios que ella quiera poner en nuestras manos. Pero, sobre todo, haciéndola nuestra familia, no ya en lo genérico, sino en lo concreto (celebrando los sacramentos en unidad de corazón con todos los bautizados, orando todos por todos, siguiendo bien tu vocación, mostrando nuestra unión con el obispo, ayudando y tomando responsabilidades en la parroquia si puedes, participando en las actividades de tu movimiento si lo tienes, etc.). Esa es la manera de ser familia y de cumplir uno de los deseos más profundos del corazón de Jesús: *que todos seamos uno*[30]. Es lo que quieren María y la Iglesia y por ello el Señor nos las regaló como madres y maes-

---

[30] *Jn* 17, 21.

tras que formen en nosotros el corazón de Jesús. Igual que sucede con la paternidad de Dios, tener a María como madre implica tener a sus hijos como hermanos. Eso nunca se nos puede olvidar.

4. A la hora nona, Jesús gritó con voz potente: Elí, Elí, lemá sabaqtaní (es decir: «Dios mío, Dios mío, ¿por qué me has abandonado?») Mt 27, 47

Cualquier persona que tenga fe y crea en Jesús como el Mesías no puede dejar de estremecerse al leer de labios del Señor esta frase. Que sí, que es el comienzo de un salmo que acaba con el triunfo del abandonado y glorificando a Dios, pero bien sabemos que, a fin de cuentas, estamos ante el Cielo hecho carne enfrentándose al infierno, que es la ausencia total de Dios. Es el Cielo experimentando la ausencia total de amor humano. Y a Jesús solo le queda María, que es el nuevo Paraíso sin pecado que Dios creó para poder habitar entre nosotros. Y ella, como dijimos antes, sí está libre de todo pecado, incluso el original, pero en previsión de la muerte salvífica del Señor. Pero los demás… todos hemos pecado.

Ante este drama, como primera respuesta de quien quiere amar al Señor, brota la urgencia de vivir la llamada «reparación negativa», que consiste en rechazar el pecado y tener el firme propósito de no pecar más. Claro está, empezando por los mortales y acabando por esas pequeñas faltas que, aparentemente insignificantes, siguen manchando nuestra alma. El camino es largo, al punto de que santa Teresa, en su obra *Las Moradas*, establece siete moradas o estados del alma que van desde esa primera, consistente en abandonar el pecado mortal, hasta la séptima, que es la de la unión plena con Dios. Entre medias, siempre rondará toda una vida de conversión y permanente lucha por librarnos de la esclavitud del pecado. En otras palabras: una vida para dejarse hacer por el Espíritu Santo, cuya misión es formar en nosotros el corazón de Jesús.

¿Por qué traigo a colación esto? Porque esta frase, insisto, nos revela que Jesús en la Cruz está probando en primera persona lo que es el pecado –la oposición a Dios– y experimenta el infierno, que es la consecuencia de la ausencia de Dios. Y lo hace porque encarna sin rebajas lo que conlleva hacerse humano. El Señor no se queda con la mejor parte, sino que asume la existencia tal y como viene por amor. No reniega, no huye: ama y vive, aunque eso le suponga sufrir hasta la muerte. Este sería otro de los tipos de reparación de la que nos habla la espiritualidad del Sagrado Corazón de Jesús y que citamos a pie de página anteriormente: asumir la vida como viene por amor. No huir, vivir con la seriedad que requiere nuestra existencia y con todas sus consecuencias.

La Cruz es la consecuencia de un amor que comenzó, como hemos dicho por activa y por pasiva, antes de la Creación y que tiene su cénit en la Encarnación, vida y muerte del Señor. Nuestras cruces deberían ser vividas así: amando, aunque el amor duela y el sufrimiento aparezca cuando la caridad no se hace manifiesta. Pero ¿acaso el sufrimiento no es una manifestación de que hay una ausencia de amor y que, por tanto, nos alerta de la existencia de un vacío que solo con amor se llena?

5. Después de esto, sabiendo Jesús que ya todo estaba cumplido, para que se cumpliera la Escritura, dijo: «Tengo sed». Había allí un jarro lleno de vinagre. Y, sujetando una esponja empapada en vinagre a una caña de hisopo, se la acercaron a la boca (Jn 19, 28-29)

En la misma línea, tenemos el gesto siguiente de Jesús: dice tener sed y le dan vinagre[31], utilizado como narcótico, sí, pero con su significado bien simbólico. El Señor había dicho que Él era la vid (cfr. *Jn* 15) y, por tanto, nosotros estamos llamados a estar injertos en Él y ser vino bueno, es decir, uva pisada, vida entregada, por amor, para ser como santos

---

[31] San Mateo habla de vino con hiel, pero está hablando de lo mismo, ya que no se trata del típico vinagre que solemos tomar en las ensaladas, sino un vino avejentado, avinagrado, en definitiva. La reflexión sobre la amargura no cambia.

como Él. Pero el vinagre no es el fruto excelso de la vid, sino el amargo. Jesús, probando el vinagre, está asumiendo el fruto amargo del amor, el pecado. El bueno, el vino, como Jesús, alegra el corazón; el mal vino, el vinagre, el del demonio, destroza el paladar y, valga la redundancia, avinagra el corazón. Pero el verdadero significado de esto lo dejamos para dentro de un poco.

Vayamos a la expresión que leemos en labios de Jesús: *Tengo sed*, que va a encontrar en el Apocalipsis (cfr. *Ap* 3, 20) un eco en esas otras palabras tan bonitas que nos dirige a todas las personas: *estoy a la puerta y llamo*. En la Cruz era sed de amor, pero, sobre todo, de culminar la redención; tras su Resurrección, como le dijo a santa Margarita María de Alacoque, vidente del Sagrado Corazón y receptora de las promesas, es «sed abrasadora de ser amado de los hombres de quienes no recibo sino ingratitudes». Está claro que, aquí, entramos todos. ¿Quién, salvo María Santísima, no ha pecado alguna vez? Conviene pararse a pensar en nuestros pecados de vez en cuando. Incluso en los pasados, pues «solo recordando lo que *fui* puedo conocer lo que, por gracia, he *llegado* a ser»[32].

---

[32] VARDEN, Erik, *La explosión de la soledad,* Monte Carmelo, pp. 48-49.

No se trata de machacarnos por nuestros pecados, pero sí de que debemos tomar conciencia de que no somos muy diferentes a aquellos discípulos que huyeron en el prendimiento del Señor. Incluso, tampoco es que seamos mucho mejores que Judas, que la humanidad en tiempos de Noé, que ese pueblo idólatra que se olvidó de Dios mientras Moisés negociaba con Dios o que esos reyes que apartaron su corazón del Señor, desde David y Salomón hasta la larga ristra de monarcas que fueron infieles a Dios. Ya lo dijo Jesús mismo, como decíamos al hablar de la purificación del Espíritu: *no he venido a llamar a justos, sino a pecadores* (*Mt* 9, 13). Si Jesús ha venido a buscarnos a todos y ha dicho esto, será porque todos somos pecadores. Y tampoco podemos olvidar esa otra frase en la que califica a los apóstoles –y a nosotros con ellos– en *Mt* 7, 11: *si vosotros, aun siendo malos...* ¡Claro que somos malos! ¡Y peores seríamos si no tuviéramos fe! Pero, con todo y con eso, el Señor nos quiere sacar de ahí, hacernos buenos y que vayamos al Cielo y disfrutemos del amor eternamente.

El amor que Dios nos ha tenido, manifestado sobremanera en la Pasión, nos sitúa ante la radicalidad de lo Santo; ante la radicalidad de que Jesús o es Dios o era un pobre loco que se creía el Mesías. Y de su madre podríamos decir algo análogo: o fue infiel a José o concibió por obra y gracia del Espíritu Santo. Es la radicalidad del

Dios o nada y es lo que no vivieron ni Judas ni los Once, de ahí que la traición de Judas y el abandono de los Once, que acababan de ser ordenados sacerdotes en el Cenáculo, no nos son ajenos. Más bien, como señala Romano Guardini en un capítulo maravilloso de *El Señor* titulado "Judas"[33], nos delatan y muestran las posibilidades depravadas de nuestro corazón. Nadie está libre de traicionar a Jesús y, de hecho, todos lo hacemos cuando pecamos. Nadie está libre de sucumbir ante los afanes de la vida y dormirnos. Y más en un momento histórico en el que el mundo duerme y el Señor, más que nunca, nos pide que velemos y que oremos con especial intensidad. ¡Porque el mundo necesita santos! Recuerdo cómo en el colegio nos repetían una frase de san Josemaría en *Camino* (pto. 301): «¡Las crisis mundiales son crisis de santos!». Es una verdad como un templo de grande.

Lo que pasó hace 2.000 años nos demuestra que no podemos negociar con el mal y la mediocridad en la lucha por la santidad. Que podemos acabar traicionando al Señor de manera grave. Dios nos recuerda que el Amor no admite rebajas y nos impone el deber del amor fraterno, que ya Jesús había expresado, durante la Última Cena, en la humildad del lavatorio de los pies, en el que

---

[33] Las ideas –y algunas expresiones textuales– son tomadas del citado capítulo de *El Señor* de Guardini.

Dios, el Superior, reconoce al inferior, a nosotros, su dignidad de criaturas hechas a imagen de Sí mismo. Y lo hace a sabiendas de que iba a ser traicionado: Jesús no les miró por su pecado, sino que vio en ellos santos en potencia. El ejemplo paradigmático es Pedro, a quien le adelanta que le va a traicionar, sí, pero le encomienda la misión de confirmar en la fe a sus hermanos cuando se haya dado cuenta de su pecado, haya rectificado y haya pedido perdón.

Jesús sabe que a la hora del mal solo se la vence a base de horas de bien, es decir, de oración y acción. Ambas inseparables. Por eso, desde el Cenáculo hasta el «todo está cumplido», lo que vemos hacer a Jesús como último gran testamento es eso: servir, amar al prójimo y orar; instituye la Eucaristía, reza en Getsemaní, perdona los pecados, pide indulgencia para sus verdugos y ama entregando su vida[34].

Y nosotros debemos pensar sin complejos: ¿por qué abandonamos al Señor?, ¿activismo?, ¿afanes pasajeros?, ¿un ego desmedido?, ¿la desconfianza?, ¿las bajas pasiones?… tantas cosas. Pues bien, ¿es todo eso más que treinta monedas de plata? Probablemente, no. Por eso, no tenemos muchos motivos para hablar de Judas como

---

[34] Los teólogos del Corazón de Jesús han acentuado, y con razón, la diferencia entre morir y entregar la vida, que se manifiesta en que es Jesús quien «inclina» su cabeza, no su cabeza la que cae, una vez ha muerto. Es Él quien inclina su cabeza y «entrega» el Espíritu.

el «traidor» como si se tratara de algo que no nos incumbe directa ni personalmente. Su figura nos desenmascara a nosotros mismos, como decía Guardini. Y lo mismo cabe decir de quienes huyen ante la Cruz, como los restantes Once. ¿Somos mejores que ellos? ¡No!

Pero Dios sabe todo esto y para ello preparó el terreno de nuestra conversión. Aquella noche de Jueves Santo, Jesús ordenó sacerdotes a un grupo de traidores, pero traidores humildes que se reconocerán pecadores, abrazarán su misericordia, pedirán perdón y lo proclamarán como el Señor. Un grupo que, como Pedro, en el pretorio, buscó la mirada de Jesús tras su pecado. Así, a la charlatanería y negaciones de Pedro le seguirá el gran mandato del Resucitado: apacienta mis ovejas; a la huida de Santiago le seguirá el regalo del martirio, de ser el primero de los Once en volver a encontrarse cara a cara con Él en el Cielo; y al sueño del joven Juan en el monte de los Olivos le seguirá una larga vida de amor de Dios, coronada con el gran regalo de la custodia de María. Y nos llama a seguir sus ejemplos.

¿Por qué pudieron llegar a esa conversión? Muy sencillo, porque descubrieron que toda esta sed de amor que tiene el Señor estaba personalmente dirigida a cada uno de ellos, como lo está a cada uno de nosotros. Este «tengo sed», este descubrimiento-conversión del amor de Jesús en toda circunstancia, incluso cuando sufre por nuestro pecado, es el lugar en el que la devoción al Sagrado Corazón, quizá, reciba su impulso mayor. Claro que el amor no se demuestra solo en las malas (como la Cruz), pero, sin duda, el sufrimiento y la debilidad son la prueba de fuego de todo amor. Son en esas faltas que todos tenemos donde podemos descubrir con una fuerza mayor que somos amados, incluso, en eso. Ya no digo a pesar de eso, sino, incluso en eso. Pues así de bueno es el Señor, que clama por nuestro amor cuando le hemos clavado en el leño. Así de bueno es el Señor, que nos ama hasta en lo que asusta de nosotros mismos. Así de bueno es Jesús, que corre hasta nosotros y está a la puerta de nuestra alma clamando por nuestro amor. Así de bueno es Dios, que, como nos ama para siempre, resucitó a Jesús para abrirnos las puertas de la alianza más maravillosa que existe, la del Cielo. Esa es la verdadera sed de Dios hoy: que disfrutemos la vida eterna junto a nuestro amado Jesús.

El descubrimiento de este amor que el Señor vive por nosotros nos lleva a mirar al corazón de Jesús y a que brote en nosotros el deseo firme de no ofenderle más. Pero también a tener detalles de cariño con Él y a querer identificarnos con sus mismos sentimientos, en las buenas y en las malas, en cuerpo y en alma[35]. Señor, ya no quiero ser un traidor, quiero ser tu amador.

6. Jesús, cuando tomó el vinagre, dijo: «Todo está cumplido» (Jn 19, 30)

La vida y la muerte del Señor es el cénit de la alianza que Dios estableció con los hombres en la Creación. Está cumplida la obra de la redención y ahora se nos queda el camino expedito para volver a Dios en unidad. Este «Todo está cumplido» significa que aquel camino de huida que comenzó con el pecado de Adán, ese camino de dispersión de los corazones de los hombres que se vio en la acusación de Adán a Eva, en el fratricidio de Caín a Abel y en el episodio de la torre de Babel, ha acabado. Ahora, con la entrega del Espíritu (añade san Juan en el mismo v. 30: *E, inclinando la cabeza, [Jesús] entregó el espíritu)*, tenemos la luz necesaria para salir de la oscuridad del pecado definitivamente[36].

Además, las palabras sobre el cumplimiento de todo que pronuncia Jesús indican el final de la

[35] Explicado esto, creo que queda claro que la reparación no es algo sin sentido, sino más bien una expresión privilegiada de quien ha descubierto el amor de Dios.

[36] San Juan no narra Pentecostés, pero el equivalente es este entregar el Espíritu. Así lo han entendido muchísimos Padres de la Iglesia y los teólogos del Corazón de Jesús.

cena de Pascua, en la que hay cuatro copas[37]. El Señor ya había bebido las tres primeras, tal y como se lee en los Evangelios, pero faltaba la cuarta, que el Señor no bebe en la Última Cena y es la que va unida a la alabanza a Dios.

Recordamos ahora el *Tengo sed* y pongámoslo en unión con el hecho de que la Pascua no acaba hasta después de haber bebido la última copa. ¿Qué vemos? Que Jesús tenía sed de culminar la Pascua, la liberación definitiva de los creyentes, bebiendo la última de las Copas del fruto de la vid. Aunque amargo, Jesús lo prueba y da por concluida la Pascua. Ahora ya se ha abierto el camino de la redención y se entiende mejor por qué el Señor, como resalta Marcos en su Pasión, se negó a beber vinagre camino al Gólgota (cfr. *Mc* 15, 23). ¡Porque no estaba culminada la Pascua y porque la Escritura tenía que cumplirse hasta el final!

---

[37] La Pascua se ha de celebrar bebiendo cuatro copas de vino, que simbolizan, por un lado, a las cuatro matriarcas: Sara, Rebeca, Raquel y Lea (las tres matzot representan, asimismo, a Abrahán, Isaac y Jacob, los tres grandes patriarcas); y, por otro, las cuatro expresiones que la Escritura usa para narrar la libertad y redención de Israel en Egipto. Así, la primera copa, que es la que nos introduce a la celebración, es la copa de la bendición (el Kiddush). La segunda es la del Juicio o del dolor, que precede a la liturgia pascual donde se relata la historia del Éxodo atendiendo a un orden preciso en el que el padre y el niño menor son protagonistas. La tercera copa está relacionada con la cena, con la comida (pan sin levadura, las hierbas amargas y demás alimentos que recuerdan la salida de Egipto). Es la llamada copa de la redención. ¿Y la cuarta? Es la de la alabanza, la del triunfo, la del gran Hallel.

Esto nos enseña algo tan importante como que la Pasión comienza en la Última Cena y no más tarde. Su sacrificio de entrega llega en el Cenáculo y Él la extiende hasta la Cruz. Por tanto, esas palabras sobre el que todos seamos uno en Dios, la actitud de servicio mostrada lavando los pies a los Doce, la llamada al perdón tras la caída anunciada, la advertencia a quien no quiere convertirse, la llamada a estar injertados en Él, etc., son verdaderas expresiones de la redención pascual que anhela el corazón de Jesús para todos y cada uno de nosotros. Todo es uno.

Qué bonito darnos cuenta de que hoy, en cada Misa, Jesús se hace para nosotros esa cuarta copa. Y, si estás atento, dirás: bueno, pero es que en la Eucaristía se ofrece el vino aguado... ¡pero es que en la cena de Pesaj (Pascua judía) era lo mismo antiguamente! Al ser conscientes de que el vino era demasiado fuerte, Maimónides dijo que si uno bebe las copas sin atender al buen sabor –que llegaba al aligerar el vino con agua– no cumplía de verdad con la obligación de la ingesta de estas. Y, además, sin poner agua, el riesgo de emborracharse y perder la libertad que simboliza la Pascua era grande.

Volvamos a la primera afirmación del párrafo anterior y completémosla: Jesús se hace para nosotros esa cuarta copa que lleva en su interior su sangre y el agua que comulgamos, del mismo modo que del interior de su costado herido brotarán sangre y agua, como ahora veremos.

En fin, una vez bebida la cuarta copa, solo quedaba una cosa… entregar su vida.

7. Y Jesús, clamando con voz potente, dijo: «Padre, a tus manos encomiendo mi espíritu» (Lc 23, 46)

Jesús muere remitiendo al más fuerte de sus amores: el que tiene a Dios Padre. ¡Qué bonito! Él se hizo hombre para manifestar al mundo el plan maravilloso que Dios tenía para nosotros, asumiendo lo necesario por amor a Él. La Pasión no hace que se revuelva, no le echa en cara sus sufrimientos, antes bien, sigue amándole hasta el aliento final.

8.3. Jesús, esposo de la Iglesia

Vamos ahora con una pequeña reflexión sobre lo que hemos visto hasta aquí. Hemos hablado constantemente de alianzas y del matrimonio que Dios estableció con la humanidad. Y es que el Calvario es precisamente una boda, tal y como le gustaba repetir al venerable Fulton Sheen.

Tenemos al esposo, que es Jesús, naturalmente. Él llega al altar (al Calvario) con el mejor traje que tiene, el del amor. Está más guapo que nunca. Has leído bien, porque en la Cruz, que es donde desaparece la belleza estética del Señor, encontramos su verdadera belleza, que es el amor, desencarnada. Por eso, como dice el *salmo 45, 3*, Jesús es el *más bello de los hombres*. Aunque parezca un guiñapo, como viene a decir Isaías en sus cantos del Siervo. El pecado destroza la estética, pero Dios es más fuerte que todo eso y pone ante nuestros ojos la definición del amor eterno: a Jesús.

Tenemos a la esposa, que es la Iglesia, simbolizada en María. La Virgen, como dijimos, es el Paraíso que Dios creó para habitar entre nosotros. Además, es la esclava del Señor, es la sumisa al amor, pues la caridad conlleva una sumisión, un «vivir para». Ella también está vestida con sus mejores galas: la perseverancia y la fidelidad a su Hijo, verdadero Dios encarnado. Su vida es única y exclusivamente para Él, y en la Cruz, con su presencia, está repitiendo su entrega. A pesar del sufrimiento, en su corazón anidaba esa frase preciosa del *Cantar de los Cantares* (6, 3): *Yo soy para mi amado y mi amado es para mí*. Y todo eso que decimos de María podemos decirlo de la Iglesia.

Tenemos al fruto de la alianza conyugal, el discípulo amado- Él sí es pecador, pero, en la entrega de Cristo acogida por la Iglesia, encuentra un nuevo modo de ser: el filial. Ya no es hijo solo de su propia madre biológica, Salomé, presente en el Calvario, por cierto, sino también de María y, por tanto, de la Iglesia, que es madre y acoge a todos. San Juan y nosotros con Él bien lo sabemos.

Y tenemos incluso los testigos de boda: al sacerdote, representado también en el apóstol Juan, que había sido ordenado apenas un día antes, y que da fe del suceso en primera persona al afirmar: *El que lo vio da testimonio, y su testimonio es verdadero, y él sabe que dice verdad, para que también vosotros creáis*[38]. Y tampoco faltan los testigos «laicos»: *El centurión y sus hombres, que custodiaban a Jesús, al ver el terremoto y lo que pasaba, dijeron aterrorizados: «Verdaderamente este era Hijo de Dios»*[39].

Sabiendo que la consumación es la muerte, nos faltaría el consentimiento, que es, precisamente, esa voluntad expresada con palabras del Señor de amarnos y de entregarnos su misma vida y su Espíritu. Ese ir a Jerusalén por iniciativa propia sabiendo lo que iba a suceder, ese *hágase tu voluntad* en Getsemaní, ese inclinar la cabeza voluntariamente y entregarnos el Espíritu son verdaderos «sí, quiero» del Señor a todos y cada uno de nosotros.

Así las cosas, la moraleja es clara: cada Cruz, cada sufrimiento, es una oportunidad para, aceptándolo y poniéndolo en manos del Redentor, renovando nuestro ser para Él, repetirle a Jesús, como hizo Pedro, aquello de: *Señor, tú lo sabes todo, tú sabes que te quiero.*

---

[38] *Jn* 19, 35.
[39] *Mt* 27, 54.

8.4. El corazón abierto de Jesús[40]

> *Los judíos entonces, como era el día de la Preparación, para que no se quedaran los cuerpos en la cruz el sábado, porque aquel sábado era un día grande, pidieron a Pilato que les quebraran las piernas y que los quitaran. Fueron los soldados, le quebraron las piernas al primero y luego al otro que habían crucificado con él; pero al llegar a Jesús, viendo que ya había muerto, no le quebraron las piernas, sino que uno de los soldados, con la lanza, le traspasó el costado, y al punto salió sangre y agua. El que lo vio da testimonio, y su testimonio es verdadero, y él sabe que dice verdad, para que también vosotros creáis. Esto ocurrió para que se cumpliera la Escritura: «No le quebrarán un hueso»; y en otro lugar la Escritura dice: «Mirarán al que traspasaron».*

Y llegamos al núcleo central de la devoción y espiritualidad del Sagrado Corazón de Jesús: el costado abierto de Cristo; aunque antes hemos de caer en la cuenta de que san Juan nos está recordando, como ya hizo al comienzo de su Evangelio, que estamos ante el Cordero de Dios, el verdadero cordero pascual, al cual no se le partía ningún hueso. Decir esto equivale a advertir al lector de que Cristo es el Mesías y que Jesús se ha sacrificado por nosotros, ocupando el lugar que nuestros pecados merecen. Él es el Isaac irre-

---

[40] *Jn* 19, 31-37.

dento. En resumen, san Juan está reconociendo en Jesús aquello que escuchó de labios del Bautista: *Este [Jesús] es el Cordero de Dios, que quita el pecado del mundo* (*Jn* 1, 29) y lo ha borrado en la Cruz. Ahora podemos decir, con san Juan Pablo II: «la misericordia divina significa una potencia especial del amor, que prevalece sobre el pecado y la infidelidad del pueblo elegido»[41]. «Jesús es el rostro de la misericordia del Padre»[42] porque es la respuesta de Dios al pecado. ¡Ojalá todo el mundo se diera cuenta de un amor tan grande y, a la misericordia, respondiera con el perdón!

A Jesús no le partieron las piernas; el soldado, como hemos leído, le traspasó el costado con una lanza. El Señor es herido incluso muerto, Cristo se deja atravesar cuando ya ni siquiera lo puede sentir con su cuerpo de carne. Pero, precisamente, al abrirle el costado se destapa el tarro de las esencias y brota de dentro lo que lleva, lo que es: sangre y agua. Pero, obviamente, más allá de que ambos líquidos nos vengan a recordar que Jesús murió realmente, hemos de ir al significado simbólico que tienen, partiendo de la base de que el costado, precisamente, ya simboliza algo fundamental: el Corazón de Jesús.

Ya lo hemos visto a lo largo del libro, pero ahora vamos a caer en la cuenta de por qué Pío

---

[41] *Dives in misericordia,* 4.
[42] Papa Francisco, *Misericordiae vultus,* 1.

XII, en su encíclica *Haurietis Aquas*, 26, afirmó que el culto al Sagrado Corazón, «por sus características de amor y reparación, se distingue de todas las demás formas de la piedad cristiana».

Y en el punto 35 añade: «Deseamos también vivamente que cuantos se glorían del nombre de cristianos e, intrépidos, combaten por establecer el Reino de Jesucristo en el mundo, consideren la devoción al Corazón de Jesús como bandera y manantial de unidad, de salvación y de paz. No piense ninguno que esta devoción perjudique en nada a las otras formas de piedad con que el pueblo cristiano, bajo la dirección de la Iglesia, venera al Divino Redentor. Al contrario, una ferviente devoción al Corazón de Jesús fomentará y promoverá, sobre todo, el culto a la santísima Cruz, no menos que el amor al augustísimo Sacramento del altar. Y, en realidad, podemos afirmar –como lo ponen de relieve las revelaciones de Jesucristo mismo a santa Gertrudis y a santa Margarita María– que ninguno comprenderá bien a Jesucristo crucificado, si no penetra en los arcanos de su Corazón. Ni será fácil entender el amor con que Jesucristo se nos dio a sí mismo por alimento espiritual, si no es mediante la práctica de una especial devoción al Corazón Eucarístico de Jesús; la cual –para valernos de las palabras de nuestro predecesor, de f. m., León XIII– nos recuerda "aquel acto de amor sumo con que nuestro Redentor, derramando todas las riquezas de su Corazón, a fin de prolongar su estancia con nosotros hasta la consumación de los siglos, instituyó el adorable Sacramento de la Eucaristía". Ciertamente, "no es pequeña la parte que en la Eucaristía tuvo su Corazón, por ser tan grande el amor de su Corazón con que nos la dio"».

Dicho de otra manera, quizá menos barroca, vamos a ver por qué el culto al Corazón de Jesús es el núcleo del cristianismo y cómo en él se dan los elementos básicos que necesitamos para nuestra salvación.

Al punto salió sangre...

Por orden cronológico, empezamos por la sangre que sale del costado de Cristo. Esto no es un libro de teología, así que iremos directamente al grano y empezaremos reconociendo en esa sangre la promesa de Jesús en la última cena: ¡esta es su sangre que se derrama por nosotros! ¡La Eucaristía! La misma sangre que se derramó a los ocho días de nacer y en el Calvario sigue brotando para el creyente que contempla el Evangelio y vive los sacramentos.

La sangre que fluye por nuestro cuerpo es un principio vital para todo hombre y, justo por eso, la sangre derramada y que deja de dar vida es símbolo de la muerte y el compendio de una vida entregada. Por eso la Eucaristía y el Sagrado Corazón de Jesús son dos caras de una misma moneda. Jesús, además, derramó esa sangre por amor a nosotros, ese amor que, como habrás leído algo así como treinta veces en este libro, comenzó antes de nuestra propia existencia. Así que esa sangre de amor abarca todos los instantes que van desde la creación de Adán hasta hoy, si bien es especialmente reveladora del misterio del Verbo encarnado, de Jesús, del Mesías, que comenzó con el «sí» de María y culminó con el «sí» del propio Señor.

Pero no olvidemos que estamos de boda en el Calvario. Al consumarse la alianza matrimonial entre Jesús y la Iglesia con el último suspiro y la entrega del Espíritu, podemos decir que la Iglesia es verdaderamente la esposa de Cristo. Ella, cumpliendo su función esponsal, se entrega a Cristo y recibe de su Esposo Resucitado la gracia en el Espíritu para engendrar nuevos hijos del matrimonio a través del Bautismo. Podemos poner en boca de Jesús, sin temor a equivocarnos, las mismas palabras que Adán pronunció de Eva, pero en el caso del Señor sobre la Iglesia: «¡Esta sí que es hueso de mis huesos y carne de mi carne! Su nombre será "Iglesia", porque ella reunirá a todas las personas de todos los pueblos, que volverán a mí».

Pero el orden es importante: la Iglesia nace como tal al contacto con Jesús, en este caso con su cuerpo y su sangre, que es la misma vida de Jesús que se entrega por nosotros. Así podemos decir, con tantos y tantos santos y teólogos, que Eva salió del costado de Adán y la Iglesia salió del costado de Cristo, quien es Eucaristía. Por tanto, «La Eucaristía es constitutiva del ser y del actuar de la Iglesia»[43].

La Eucaristía se renueva a diario, como bien sabemos, siguiendo el mandato del mismo Jesús: «haced esto en memoria mía». Y, para su perpetuación, el Señor ordenó sacerdotes a los apóstoles en la Última Cena. Esos sacerdotes son personas que han nacido a la Iglesia por el Bautismo, se han hecho hijos adoptivos de Dios, y ahora han recibido del Maestro, por mandato de su Esposa, la misión de hacerle presente en el mundo a través del sacramento.

Por eso jamás podemos dejar de destacar la importancia fundamental de los sacerdotes en nuestro camino de salvación, ya que ellos nos (os) hacen (hacemos) presente al mismo Cristo que murió por nosotros en la Cruz cuando celebran (celebramos) la Eucaristía. Con todo lo dicho podemos entender muy bien por qué el santo Cura de Ars dijo: «El sacerdocio es el amor del corazón de Cristo». Y añadía: «Un buen pastor, un pastor según el Corazón de Dios, es el tesoro más grande que el buen Dios puede conceder a una parroquia y uno de los dones más preciosos de la misericordia divina». Y es que, sin duda, a través del ministerio del sacerdote nos llega la vida de la gracia de un modo privilegiado. De hecho, solo un presbítero puede confesar, celebrar

---

[43] BENEDICTO XVI, *Sacramentum caritatis*, 15.

Misa, ungir a los enfermos y, si también ha sido consagrado obispo, confirmar y ordenar. Asimismo, en el Oriente cristiano es ministro del matrimonio (no así en la Iglesia Latina, ya que son los cónyuges), y, ordinariamente, quienes bautizan son quienes han recibido el sacramento del Orden en cualquiera de sus tres grados (diaconado, presbiterado y episcopado). El sacerdote es puente entre la gracia de Dios y los hombres porque así, en su divino y misterioso designio, lo ha querido Dios.

Para resumir mucho: del costado de nuevo Adán, Cristo, brota su sangre (la Eucaristía), que es fruto de la consumación de su amor por su nueva Esposa, la nueva Eva, la Iglesia, haciéndola fecunda. Y esa acción se desarrolla hoy a través del ministerio sacerdotal, ya que Jesús confió a los sacerdotes celebrar la Eucaristía y hacerle presente sacramentalmente hasta el fin de los tiempos.

Dicho de otra manera: la Eucaristía, centro del corazón de Jesús, nos llega en la Iglesia a través del ministerio presbiteral[44].

---

[44] A esto habría que añadir la caridad pastoral en el ejercicio del ministerio. El sacerdote se ordena a la Eucaristía y a los demás sacramentos, claro que sí, pero no se limita a ella. El oficio a través del cual el sacerdote debe ser reflejo del Corazón de Jesús es triple: santificar (sacramentos), profetizar (predicar, acompañar espiritualmente... explicar la realidad desde Dios, en definitiva) y regir (servir a la santidad de los fieles gestionando parroquias, iglesias, movimientos eclesiales en ocasiones, etc.).

Todo esto está muy bien, pero después de que Jesús entregara el Espíritu y fuera herido, la sangre no brotó sola, sino con agua. Por tanto, para comprender bien todo esto necesitamos el agua y lo que ella significa.

Ya vimos, al comentar el episodio de la roca en el desierto de la que Moisés hace brotar agua, que san Pablo identificaba esa roca con Cristo en *1 Corintios* 10, 1-4. Jesús es la roca que cimienta nuestra fe y que nos da vida desde su interior. También vimos que esa agua que da Cristo es el agua que sacia la sed de eternidad y cómo el Señor dice claramente que hemos de «nacer» del agua (y del Espíritu). Y no olvidemos el agua «viva» que promete a la samaritana y en la fiesta de las Tiendas. Esa agua ya no sale de una roca física, sino del costado de Cristo, el verdadero Templo del Espíritu Santo del cual, como dice el profeta Ezequiel, fluyen las aguas.

¿Y qué significa el agua? También hemos visto parte de eso al hablar sobre el diluvio universal. El agua nos purifica. Pero ¿para qué nos purifica? ¡Para darnos vida! Por eso el agua significa la vida y la pureza. La muerte al pecado y el renacer a la vida en Cristo, limpios de toda culpa. Y ahora, si lo piensas un poco… ¿dónde encontramos esa muerte, esa purificación y esa vida nosotros? ¡En el Bautismo con agua! Por eso la tradición ha identificado esta agua con la que recibimos en el Bautismo, que nos limpia de la mancha del pecado original y borra todos los pecados cometidos durante nuestra vida. Dicho esto, queda claro que vivir del Corazón de Jesús significa buscar esa pureza bautismal y tomar en serio nuestra condición de sacerdotes, profetas, reyes[45]. Es como volver a ser como Adán... y esperar a que Cristo nos haga como Él. Si recuerdas, hablábamos de un matrimonio con Adán y hemos hablado de un matrimonio con Cristo. Uno nos hace nacer del agua para vivir en esta tierra en Cristo y orientados a la Eternidad, y el otro nos llevará al Cielo por la acción del Espíritu en nosotros. Por eso, hasta hace pocos años (aunque se está volviendo a revertir en muchos lugares), la Confirmación, el recibir el Espíritu en plenitud, se recibía antes de la Primera Comunión. En cualquier caso, lo que está muy claro es que, para llegar a la cima de la vida cristiana y vivir del misterio maravilloso de la «comunión», hay que vivir de este Espíritu.

El Espíritu Santo, por tanto, tiene como misión hacernos uno con el Esposo, teniendo como punto de partida la purificación y la fe. De ahí que la Escritura diga que es el Espíritu quien nos

---

[45] Qué significa todo esto ya lo vimos al hablar de la alianza con Adán, pero es bueno insistir en ello, dada la insistencia del Papa y de muchos obispos en que redescubramos la vocación bautismal.

hace llamar *Abbá* (Padre) a Dios (cfr. *Rm* 8, 15). Por tanto, vivir del agua del costado de Cristo es llenarse del Espíritu Santo, es dejarse purificar por Él, dejarse llenar de vida por Él. Es vivir de esa fe que, hecha obras, hace lo imposible: unirnos con Dios tras el pecado.

Solo tratando al Espíritu Santo y dejando que suscite la fe en nosotros podemos tener verdadera vida cristiana. No podemos dejar el trato con el Espíritu solo para Pentecostés, sino que debemos tratarle a diario con familiaridad: hemos de invocarle y pedirle ganas de rezar, por ejemplo, y de recibir la gracia sacramental. También que nos ayude a perdonar, por ejemplo. ¡Tantas cosas que no hacemos porque no tratamos al Espíritu Santo y son cosas que están en la definición de amor que nos regala san Pablo en *1 Corintios* 13!

Miremos en globalidad la historia de la salvación: la humanidad era una en unidad con Dios en los tiempos de Adán y Eva, pero, al entrar el pecado en el mundo, aparecieron las enemistades entre los hombres (Adán-Eva, el fratricidio de Caín a Abel y el episodio de la torre de Babel). Así hasta Cristo, que le da vuelta a la historia y nos llama a volver a ser uno, pero esta vez con Él y en Él, y nos señala el camino hasta el verdadero paraíso, que es el Cielo. Pues bien, ese es el camino que quiere hacer el Espíritu en nosotros: que seamos uno en Cristo y en el Padre para que todos pensemos, queramos y tengamos los mismos sentimientos de Cristo.

Esto se ve claro cuando el Señor introduce en su costado a Tomás[46]. Allí, el apóstol incrédulo encontrará la fe en el Resucitado y se unirá a la fe de la Iglesia, no a la suya propia. ¡Unidad! Pero armonía en la verdad, en Dios. Todos mirando a un mismo objetivo, el Cielo, y ayudándonos todos a todos. Donde hay unión, paz, verdad, donde el centro es Cristo, hay Espíritu Santo. Lo demás son cosas que, si no proceden de Dios, ya sabemos de quién proceden. Las envidias, los rencores, la vergüenza para pedir perdón, el rechazo de las verdades de fe, etc. ¡Fuera todo eso! Debemos pedir con humildad al Espíritu que nos ayude a reconocer que los demás también están llagados, como lo estamos nosotros, y que todo el mundo tiene derecho a que, si pide perdón, sea perdonado. Ese es el comienzo a ser uno, porque nadie puede ofrecer nada a Dios si no está reconciliado con el hermano[47]. A fin de cuentas, pocas cosas nos identifican tanto con Dios como perdonar. Y eso es lo que produjo en Tomás el contacto con las llagas de Cristo: fe, perdón al Señor y a los hermanos a los que no creyó, y alegría.

---

[46] Cfr. *Jn* 20, 24-29.

[47] *Mt* 5, 23-24: *Si cuando vas a presentar tu ofrenda sobre el altar, te acuerdas allí mismo de que tu hermano tiene quejas contra ti, deja allí tu ofrenda ante el altar y vete primero a reconciliarte con tu hermano, y entonces vuelve a presentar tu ofrenda.*

Y ¿cómo renovamos la gracia bautismal en nuestra vida? Con el sacramento purificador, que es la Confesión. Y, en la ancianidad, enfermedad o, sencillamente, antes de morir, tenemos la Unción de los enfermos, que nos purifica la salud espiritual en orden al encuentro con Dios. En cualquier caso, esa pureza nos permite recibir al Señor, sea cara a cara o sacramentalmente. Y así es como tenemos vida y la tenemos en abundancia[48].

Por desgracia, hemos convertido la Confesión en una lavadora y es una pena. Vista desde el amor del Corazón de Jesús, que se entrega por nosotros hasta la Cruz, comprendemos mejor que la confesión es una caricia purificadora del Señor. Todos necesitamos amar y ser amados y la confesión es un beso de Dios en nuestra debilidad. Por eso, no nos confesamos simplemente para quitarnos los pecados o para pecar menos, sino, sobre todo, para, siendo amados por Él, poderle amar más y mejor. Así las cosas, la confesión es el «sí, quiero» de Jesús tras nuestra enfermedad espiritual (el pecado), y la Unción es el «sí, quiero» del Señor en nuestra enfermedad corporal.

Y nos queda un sacramento, el matrimonio, que es la elevación al plano sobrenatural del primer mandato de Dios a nuestros primeros padres: ayudarse y procrear y educar a los hijos.

---

[48] Cfr. *Jn* 10, 10.

Pero ahora ya no de cualquier modo, ya no con un amor natural, sino con el amor de Cristo, ya que, como dijo san Pablo, los maridos deben amar a sus esposas como Cristo amó a su Iglesia[49] y viceversa. ¡Hasta el extremo y hasta la muerte! Respetando la alianza sellada con una persona y con la misma sumisión de amor que Cristo tuvo por la Iglesia y que permitió nuestro Cielo. Así deben vivir los cónyuges: una sumisión[50] que es servicio, es pensar en la felicidad del otro, es poner al otro por encima de uno mismo. Es reflejar con una persona el «sí, quiero» de Dios a la humanidad.

Quede claro que esto no significa tener que aguantarlo todo. El matrimonio –la alianza matrimonial– es signo del amor de Cristo por la Iglesia y, por tanto, la relación con el cónyuge simboliza la relación Cristo-Iglesia, en la que, a pesar de que hay una parte que ama de manera perfecta (Dios) y otra que no (las personas que formamos la Iglesia), la parte inocente no abandona nunca a la parte culpable, no rompe su alianza y le tiende siempre la mano al perdón. Así las cosas, del mismo modo que Cristo no rompió su alianza y no se escogió otras criaturas para esposarse con ellas, el matrimonio no puede quedar

---

[49] Cfr. *Ef* 5, 25.
[50] Cfr. *Col* 3, 18.

disuelto, aunque cese la convivencia (cosa muy necesaria en determinados casos).

Dicho esto, espero que haya quedado claro y no sorprenda la afirmación que viene: los sacramentos son la renovación del consentimiento de la gran boda de Dios con la humanidad en el Gólgota. Son el «sí, quiero» de Dios, que espera ansiosamente nuestro particular «sí, quiero» proclamado con el traje de bodas bien limpio y dispuestos a amarle sobre todas las cosas, en cuerpo y alma. Con nuestra debilidad, con nuestra concupiscencia a cuestas... todo lo que nos dé la gana, pero decididos a luchar por ser santos. Como buena expresión del matrimonio entre el Señor y nosotros, debemos caer en la cuenta de que los sacramentos son el instrumento privilegiado que Dios ha dispuesto para hacernos uno con Él. Por eso debemos valorarlos como merece. Me gusta la siguiente comparación: nuestro pecado es como si nos contaminara las arterias que permiten que nuestro corazón tenga vida y los sacramentos son la medicina que las limpia y permite que ese corazón lata con toda su fuerza.

En fin, los sacramentos son expresión de la sed de Cristo por amarnos y el lugar donde encontramos el agua viva que salta hasta la vida eterna. Del mismo modo que sin agua no hay vida, sin sacramentos nos hay vida cristiana.

Y ahora, con Jesús ya muerto –glorificado, en terminología joánica– y contemplando esa agua que sale de su Corazón, podemos entender mejor esta frase de Jesús en el último día de la fiesta de los Tabernáculos que recoge el capítulo séptimo del Evangelio de san Juan y que citamos al hablar del agua que salta a la vida eterna:

> El último día, el más solemne de la fiesta, Jesús en pie gritó: «El que tenga sed, que venga a mí y beba el que cree en mí; como dice la Escritura: "de sus entrañas manarán ríos de agua viva"». Dijo esto refiriéndose al Espíritu, que habían de recibir los que creyeran en él. Todavía no se había dado el Espíritu, porque Jesús no había sido glorificado.

Mirarán al que traspasaron

Y llegamos a esta frase, de la que hablaremos brevemente, pues su contenido ya lo hemos tocado a lo largo de todo el libro y, si lo pensamos un poco, ¿acaso la vida cristiana, la lucha por ser santos, puede ser algo diverso a contemplar al Señor Jesús, es decir, a Aquel que fue traspasado por nuestros pecados? Por tanto, podemos afirmar con toda rotundidad que estamos ante una frase –una profecía– fundamental para poner la guinda a todo lo que hemos visto en este libro. Y lo vamos a hacer en perspectiva temporal, ya que es una frase que debemos entender tanto en pasado, como en presente, como en futuro.

Comencemos por el pasado. «Mirarán al traspasado» recoge una profecía de Zacarías que es preciso mencionar para comprenderla en toda su profundidad. Dicho oráculo lo encontramos en *Zac* 12, 10-11; 13, 1-9 y, el evangelista reconoce que se cumple en la Pasión del Señor (incluso, hemos de decir que los diferentes autores santos recogen diferentes frases de Zacarías, no solo la que estamos meditando ahora, para explicar lo que le sucedió a Jesús). Leamos:

> *Derramaré sobre la casa de David y sobre los habitantes de Jerusalén un espíritu de perdón y de oración, y volverán sus ojos hacia mí, al que traspasaron. Le harán duelo como de hijo único, lo llorarán como se llora al primogénito [...].*
>
> *Aquel día brotará una fuente para la casa de David y para los habitantes de Jerusalén, remedio de errores e impurezas. Aquel día –oráculo del Señor del universo– arrancaré del país los nombres de los ídolos y no se recordarán más. También extirparé del país a los profetas y el espíritu de impureza. Y sucederá que, si alguien anda profetizando, sus padres le dirán: «Vas a morir, pues lo que profetizas en nombre del Señor es mentira». Sus padres lo traspasarán cuando esté profetizando. Aquel día se avergonzarán los profetas de las visiones de sus profecías y no se vestirán ya con el*

manto de pelo y así pasar inadvertidos. Y dirá: «Yo no soy profeta, soy labrador; compré la tierra cuando era joven». Pero le dirán: «¿Y qué son esas cicatrices entre los brazos?». A lo que responderá: «Son las que me hicieron en casa de mis amantes». ¡Despierta, espada, contra mi pastor, contra mi valeroso compañero! —oráculo del Señor del universo—. Hiere al pastor, que se dispersen las ovejas; mi brazo castigará incluso a los zagales. Y sucederá en todo el país —oráculo del Señor— que dos tercios serán exterminados, perecerán, pero quedará un tercio. A ese tercio lo pasaré por el fuego y lo purificaré como se purifica la plata. Él me llamará por mi nombre y yo le responderé. Diré: «Él es mi pueblo», y él dirá: «El Señor es mi Dios».

En cierto sentido, trayendo a la memoria las palabras de Jesús en *Jn* 3, 14-17[51], se nos revela que ya no tenemos que mirar una serpiente de bronce, ni siquiera al crucificado en genérico, sino penetrar en la vida que brota de ese Crucificado clavado en lo alto para, como decíamos hablando de la serpiente, sanar y salvar a su Iglesia, para que tengamos fe, para que tengamos vida y

---

[51] *Lo mismo que Moisés elevó la serpiente en el desierto, así tiene que ser elevado el Hijo del hombre, para que todo el que cree en él tenga vida eterna. Porque tanto amó Dios al mundo, que entregó a su Unigénito, para que todo el que cree en él no perezca, sino que tenga vida eterna. Porque Dios no envió a su Hijo al mundo para juzgar al mundo, sino para que el mundo se salve por él.*

la tengamos en abundancia. Dicho de otro modo, si cumplimos la profecía de *Zacarías* 12, 10 que recoge san Juan, si miramos al que traspasaron, contemplaremos el Cielo, a Jesús.

Se nos dice que hemos de mirar al Traspasado, por lo que la contemplación de Jesús quedará siempre incompleta si no se atiende a lo que acontece tras ser herido en su costado. Claro que es fundamental conocer la vida del Señor, pero no podemos olvidar que las llagas son la prueba del resucitado para demostrar su identidad, por lo que a los cristianos se nos llama a penetrar en lo profundo de este misterio. Además, pensemos que los Evangelios están escritos después de la recepción del Espíritu Santo, así que están narrados desde una visión resucitada. Lo que dice san Pablo: *si Cristo no ha resucitado, vana es nuestra predicación y vana también vuestra fe*[52], vuelve a quedar de manifiesto.

«Mirarán al que traspasaron» es una frase presente porque nos dice, sabedores de que el agua y la sangre que manan del Crucificado siguen brotando hoy día de la fuente, que es la Iglesia, nos revela desde el pasado lo que tenemos que hacer cada día. Y esa es nuestra vida hoy: vivir de la oración, de los sacramentos y de la vida fraterna y comunitaria, siguiendo los pasos de nuestra madre, María. Eso es contemplar al Traspasado:

---

[52] *1 Co* 15, 14.

vivir en el único momento que tenemos para ser santos –el ahora– desde la contemplación pasada y presente del Señor. Por eso la vida cristiana, en verdad, tiene muy poco de novedosa y las emociones fuertes son las menos. Lo nuestro es la vida del Señor, que fue muchísimo más tiempo oculta que apostólica, y debemos volver insistentemente a ella en la Escritura, aunque a veces nos parezca muy repetitiva o que ya nos la sabemos. En esos casos, debemos confiar en que la Escritura lleva razón y que, verdaderamente, *la palabra de Dios es viva y eficaz, más tajante que espada de doble filo; penetra hasta el punto donde se dividen alma y espíritu, coyunturas y tuétanos; juzga los deseos e intenciones del corazón. Nada se le oculta; todo está patente y descubierto a los ojos de aquel a quien hemos de rendir cuentas*[53].

Derivado de esto, «mirarán al que traspasaron» es una frase que nos orienta al futuro, porque nos señala el camino que hemos de recorrer hasta que nos sea pedida la vida y porque nos revela lo que debemos legar a las futuras generaciones: la memoria pulcra del Señor, un poco en la línea marcada por Jesús en la oración sacerdotal de *Juan* 17. Nosotros tenemos como misión ser esa sal que conserve el alimento de la fe en el mundo para que las generaciones venideras la reciban intacta. ¡Tenemos que garantizar que sepan

---

[53] *Hb* 4, 12-13.

lo que hacen cuando miren al traspasado y que no caigan en la trampa de mirar solo una apariencia! Por eso, una vida sin oración, sacramentos y fraternidad eclesial jamás será una vida traspasada por el amor de Dios.

9
LA ALIANZA EN EL ESPÍRITU: DIOS LUCHA POR NOSOTROS «EN» NOSOTROS

Hemos explicado el significado sacramental del agua y hemos dicho más de pasada qué significa también el Espíritu y su papel en la vida de los cristianos. Pero ahora quiero hablar de la acción del Espíritu Santo en las almas, que solo es posible cuando miramos a Cristo traspasado. Y es que, como dijimos de soslayo en la cuarta palabra del Señor en la Cruz, la misión de la tercera persona de la Trinidad es formar en nosotros el corazón de Jesús, logrando nuestra santidad convirtiendo nuestro pensar, querer y sentir en el de Cristo[1].

¿Qué es lo primero que hace el Espíritu en nosotros para ello? Muy sencillo, pues san Pablo nos dice que hemos recibido *un Espíritu de hijos de*

---

[1] Siempre me causó especial cariño la historia de Alexia González Barros, una niña fallecida en olor de santidad y cuya frase de cabecera era, precisamente, «Jesús, que haga siempre lo que Tú quieras». Nada que ver con su verdadera historia la trama de la película «Camino».

adopción, en el que clamamos: «¡Abba, Padre!». Ese mismo Espíritu da testimonio a nuestro espíritu de que somos hijos de Dios; y, si hijos, también herederos; herederos de Dios y coherederos con Cristo. Por tanto, lo primero que hace en nosotros es suscitar la fe en Dios, pero no desde cualquier prisma, sino desde la filiación divina (y ahora es cuando puedes recordar el comienzo de este libro, cuando hablábamos de la creación desde el punto de vista paterno-filial).

Una vez que ha suscitado la fe, el Paráclito tiene una tarea muy importante: dar a conocer el corazón de Jesús para que podamos ir eligiendo en libertad ser como Él. ¿Cómo lo hace? A través de sus dones, que nos permiten entender, en la medida de lo posible, quién es Dios y cuán grande es su amor. Los dones los encontramos en *Isaías* 11, 2 y la tradición de la Iglesia los ha condensado en siete: sabiduría, inteligencia, consejo, fortaleza, ciencia, piedad y temor de Dios.

Pero, como la finalidad del Espíritu no es individual, sino eclesial, también nos regala carismas para la edificación de la comunidad. No es posible enumerar los carismas, pues son muchísimos, pero sí insistimos en que no son para que nos los quedemos egoístamente, sino para que la luz de Cristo brille en el mundo. Y parte de esos carismas es la constitución jerárquica de la Iglesia y los roles que cada uno empeñamos en dicha familia. Así que el Espíritu Santo también nos da una vocación para que cada uno ocupe un lugar en la construcción del Reino.

Pero ahora nos topamos con un problema: el yo. La frase de Guardini que citábamos en Getsemaní resuena ahora con especial fuerza: «El mayor enemigo de nuestra redención somos nosotros mismos. Contra nosotros, precisamente, tiene que luchar el Buen Pastor por nosotros»[2]. En efecto, la mayor batalla del Espíritu por salvarnos no es contra el demonio, sino contra nuestro ego. A fin de cuentas, nuestra libertad puede y debe ser más fuerte que las asechanzas del Maligno y está en nuestras manos elegir a Dios, que siempre nos va a dar su gracia. Esto, en definitiva, no es más que la asunción personal de la frase del Bautista: *Él tiene que crecer, y yo tengo que menguar*[3].

Por eso, como decíamos al hablar del diluvio, entendemos que Dios nos purifica. Pero no es una purificación negativa, sino un chorro de gracia tan eficaz que nuestra herida empieza a escocer y nos entra la tentación de rechazar el remedio divino. No hablaremos otra vez de esto, pero es muy importante darse cuenta otra vez de la importancia de dejar que el Espíritu sea quien nos guíe y vaya desapareciendo el ego: nuestro verdadero director espiritual no somos nosotros

---

[2] GUARDINI, R., *El Señor*, Ed. Cristiandad, 3ª ed., 2006, p. 209.
[3] *Jn* 3, 30.

mismos, ni siquiera la persona con la que confrontamos nuestra vida, sino que es Él, el Espíritu Santo, a cuya corriente debemos navegar toda la vida.

Este trabajo cansa muchas veces. Es normal, especialmente cuando la vida de pecado ha sido grande o la tibieza ha dominado nuestra alma durante un tiempo demasiado largo. Por eso el Señor nos regala los frutos del Espíritu Santo que la tradición eclesial, siguiendo a san Pablo, condensa en estos doce: *caridad, gozo, paz, paciencia, longanimidad, bondad, benignidad, mansedumbre, fidelidad, modestia, continencia, castidad* (*Ga* 5, 22-23). Con ellos alegramos nuestra alma, dominamos nuestro cuerpo y recibimos del Señor esos impulsos necesarios para continuar con fuerza nuestra lucha por ser santos.

Y nos quedarían los consuelos, que están muy relacionados con los frutos, pero que no son lo mismo. Santa Teresa de Jesús en *Las Moradas* lo explica muy bien al diferenciar entre los «contentos» y los «gustos» en la oración durante la cuarta morada. Los primeros, dice la santa, «proceden de nuestro natural», aunque Dios los alienta y permite; mientras que los segundos –los gustos– «comienzan de Dios» y, aunque los siente el natural, dejan un mayor poso en el alma. ¿Cómo distinguir en tu vida cuál es cuál? Es más sencillo de lo que parece y a todos nos ha pasado: hay días en que una oración, una palabra o un acontecimiento te toca, te da paz y te alegra, pero a los pocos días se va. Eso es un consuelo, un contento. Por el contrario, si la huella de Dios que deja en ti ese acontecimiento perdura, si queda como una especie de tatuaje que, aunque no luzca si lo tapas, sabes que siempre está ahí y que no se va, estamos ante un fruto. Eso sí, hay que cuidarlo y luchar para que luzca.

En fin, aquí tenemos muy resumidamente lo que va haciendo el Espíritu Santo en nosotros, como verdadero esposo del alma, que se compromete a habitarla siempre que nosotros lo queramos y le abramos las puertas en la Confesión. En la medida que va actuando y tomando posesión del alma, la unión con Dios es cada vez más profunda, por lo que no siempre será más sensible, ya que, paradójicamente, muchas veces el Señor, para ensancharnos el corazón más eficazmente, nos hace parecer que está lejos, como sucede en las noches oscuras que Él procura a quienes quieren ser santos de verdad. Debemos pedir la gracia de la valentía de dejarle penetrar en el alma para vencer a nuestro ego y que logre que pensemos, queramos y sintamos como Jesús. Puede servirnos la secuencia de Pentecostés para ello:

Ven, Espíritu Divino, manda tu luz desde el cielo, Padre amoroso del pobre; don en tus dones espléndido; luz que penetra las almas; fuente del mayor consuelo.

Ven, dulce huésped del alma, descanso de nuestro esfuerzo, tregua en el duro trabajo, brisa en las horas de fuego, gozo que enjuga las lágrimas y reconforta en los duelos.

Entra hasta el fondo del alma, divina luz y enriquécenos. Mira el vacío del hombre si Tú le faltas por dentro; mira el poder del pecado cuando no envías tu aliento.

Riega la tierra en sequía, sana el corazón enfermo, lava las manchas, infunde calor de vida en el hielo, doma el espíritu indómito, guía al que tuerce el sendero.

Reparte tus Siete Dones según la fe de tus siervos. Por tu bondad y tu gracia dale al esfuerzo su mérito; salva al que busca salvarse y danos tu gozo eterno.

Y así es como conseguiríamos completar en nosotros lo que le falta a los padecimientos de Cristo[4]. Así es como haríamos real el sueño de Dios: restaurar en Cristo la unidad de la humanidad perdida tras el pecado de Adán y la dispersión de Babel. Lo que el pecado dividió, en Cristo, por mediación de su Espíritu, todo volverá a ser una unidad en Dios, tal y como nos revela *Efesios* 1, 10 y una lectura atenta del libro del *Apocalipsis*. Por eso la unidad en el interior de toda persona, y también en la misma Iglesia, no la «creamos» o «hacemos» nosotros, sino que es

---

[4] Cfr. *Col* 1, 24.

comunión que genera el Espíritu cuando desaparecen los egos y es Cristo quien crece y vive en los creyentes.

En cualquier caso, se trata de hacer feliz al Amado, hacer feliz a Jesús, y eso solo se logra cuando escuchamos y realizamos el grito más profundo de su corazón: ¡Que todos seamos uno con Él y el Padre como ellos son uno!

ÍNDICE